Rio de Janeiro
Um Potencial Turístico

Copyright 2002 por Brasport Livros e Multimídia Ltda.

Todos os direitos reservados. Nenhuma parte deste livro poderá ser reproduzida, sob qualquer meio, especialmente em fotocópia (xerox), sem a permissão, por escrito, da Editora.

Editor: Sergio Martins de Oliveira
Diretora Editorial: Rosa Maria Oliveira de Queiroz
Capa e projeto gráfico: Pedro Guitton
Revisão: Denir Ferreira
Tradução: Bridget Novaes

CIP - Brasil. Catalogação na fonte
Departamento Nacional do Livro

J82r Jordan, Adriana
    Rio de Janeiro: um potencial turístico / Adriana Jordan.
  Rio de Janeiro: Brasport, 2002.

    ISBN: 85-7452-107-8
  1. Turismo - Rio de Janeiro (RJ). I. Título

              CDD: 380.14598153

BRASPORT Livros e Multimídia Ltda.
Rua General Argolo, 21 - São Cristóvão
Rio de Janeiro - RJ
Cep: 20921-390
Tels.Fax: (0xx21) 2580-9174 / 2580-3923 / 2589-4962
emails: brasport@brasport.com.br
   vendas@brasport.com.br
   editorial@brasport.com.br
www.brasport.com.br

Rio de Janeiro
Um Potencial Turístico

Adriana Jordan

Ao meu tão querido avô Winnfried Jordan

To my grandfather Winnfried Jordan

Agradecimentos

Esse livro só se concretizou pela força que tive de pessoas tão especias, que me apoiaram e ajudaram a correr atrás dos meus objetivos.

Em Especial:
Pedro Guitton
Minha Mãe, Vera Jordan

Ana Lúcia Villar
Arnould dos Santos Silva
Bayard Boiteux
Bridget Novaes
Denir Ferreira
Denise Vogel
Erik Jordan
Glória de Britto Pereira
Luis Gustavo Barbosa
Margaret
Meu pai, Winnfried Jordan Filho
Rosa Maria Oliveira de Queiroz
Sergio Martins de Oliveira
Teresa Cristina Valiño Guitton
Winnfried Jordan Neto

Acknowledgements

I would like to thank the following very special people for their generous help, support and encouragement, without which this book would not have been possible:

Specially:
Pedro Guitton
My Mother, Vera Jordan

Ana Lúcia Villar
Arnold dos Santos Silva
Bayard Boiteux
Bridget Novaes
Denir Ferreira
Denise Vogel
Erik Jordan
Glória de Britto Perreira
José Eduardo Guinle
Luis Gustavo Barbosa
Margaret
My dad, Winnfried Jordan Filho
Rosa Maria Oliveira de Queiroz
Sergio Martins de Oliveira
Teresa Cristina Valiño Guitton
Winnfried Jordan Neto

Apresentação

O Livro Rio de Janeiro - Um Potencial Turístico, é fruto do meu projeto final de graduação em Marketing. Abrange o turismo no mundo e no Brasil e como foco principal disserta sobre o Plano Estratégico criado para o turismo da Cidade do Rio de Janeiro.

É importante lembrar que o Plano Estratégico não vem sendo seguido a risca até mesmo pela falta de verba e/ou outras prioridades de governo porém, para profissionais de marketing e turismo é interessante analisar o plano integralmente para que se observem as estratégias propostas e os efeitos positivos ou negativos que surgiriam com as mesmas sendo implantadas.

Espero que o conteúdo desse livro possa trazer novas idéias e conceitos á serem implantados em seus novos projetos.

Preface

The book Rio de Janeiro - A City with Tourism Potencial is the outcome of my final graduation project in marketing. It discusses international and Brazilian tourism, to provide the basis for the central topic of the book: a strategic plan for the marketing of the city of Rio de Janeiro as a tourist destination.

It is important to note that, even though the strategic plan may not have been fully implemented due to lack of funds and/or other government priorities, it offers an interesting and important opportunity for marketing and tourism professionals to analyze the development process of such a project, the strategies proposed and the impacts, whether positive or negative, of their effective implementation.

I hope this book brings new concepts and ideas for you to utilize in your new projects.

Biografia

Adriana Jordan é formada em marketing pela UniverCidade (06/2001). Teve a oportunidade de morar por dois anos nos E.U.A, França, Suíça e Espanha onde estudou línguas, aprendeu muito da cultura de cada país e viajou por todos os países da Europa Ocidental.

Iniciou seu MBA em Turismo, Entretenimento e Hotelaria pela Fundação Getúlio Vargas em Outubro de 2001.

Com 3 anos de experiência na área de marketing e planejamento, vem se especializando na área de entretenimento.

Atualmente escreve colunas em sites voltados para área de Marketing e ministra aulas relacionadas ao mesmo tema no Senac - RJ

drijordan@hotmail.com
www.adrianajordan.com

Biographical Note

Adriana Jordan has a degree in Marketing from UniverCidade, the university from which she graduated from in June, 2001. For two years she had the opportunity to live in the USA, France, Switzerland, and Spain, where she studied languages and learned much about the different cultures of these countries. Adriana has also traveled throughout Europe.

When she returned to Brazil, Adriana continued her Marketing degree course and engaged in internship programs in various entertainment companies.

She began her MBA in Tourism, Entertainment and Hotel Management at the Getulio Vargas Foundation in 2001 soon after her graduation.

She currently writes articles for marketing web sites

drijordan@hotmail.com
www.adrianajordan.com

Por dentro

Pedro Guitton - Designer gráfico, responsável pelo projeto gráfico. Autor dos livros Marca 2000, maio/2001 e Logos do Brasil, julho/2002.

www.pedroguitton.com
pedroguitton@hotmail.com

Vera Jordan - Fotógrafa, responsável pelas fotografias.

Expressar na fotografia um grande prazer, buscar o belo, e ampliar os limites da fotografia, é o que propõe a fotógrafa Vera Jordan. Seu olhar registram os detalhes de luz e sombra, comtrastes de cores e texturas, extraindo o belo, e a beleza das coisas ao nosso lado, fazendo arte o cotidiano desapercebido. As fotos deste livro são resultado de seis passeios em dias de sol na cidade do Rio de Janeiro.

Apaixonada pela fotografia a mais de vinte anos, passou pôr vários cursos no exterior e no Brasil, trabalhou em alguns consagrados estúdios do mercado publicitário, expôs suas fotos, e atualmente dedica-se em divulgar seu trabalho, estabelecer novos contatos e a montar seu próprio estúdio digital.

verajordan@wnetrj.com.br

adriana JORDAN

Inside

Pedro Guitton - Grafic Designer, responsible for the grafic project. Author of the books Marca 2000, May/2001 and Logos do Brasil, july /2002.

www.pedroguitton.com
pedroguitton@hotmail.com

Vera Jordan - Photographer, responsible for the photograph.

verajordan@wnetrj.com.br

Sumário

Introdução   15

1 Aspectos Gerais do Turismo   21
   1.1- O Turismo   21
   1.2 - Tipos de Turismo   25
   1.3 - Panorama do Turismo   31
       1.3.1- Turismo no Mundo   31
       1.3.2- Turismo no Brasil   33
   1.4 - O Mercado Turístico   41

2 Marketing Turístico   47
   2.1- Estratégias para o Marketing Turístico   47
   2.2 - Oferta e Demanda Turística   55
   2.3 - Ambiente Turístico   59
   2.4 - Marketing Mix   61
       2.4.1 - Mix do Produto Turístico   65
       2.4.2 - Canal de Distribuição   71
       2.4.3 - Preços e Custos   77
       2.4.4 - Promoção   83

3 A Cidade do Rio de Janeiro   89
   3.1 - A Historia da Cidade do Rio de Janeiro   89

Contents

Introduction   16

1 General Aspects of Tourism   22
    1.1 - Tourism   22
    1.2 - Types of Tourism   28
    1.3 - An Overview of Tourism   32
        1.3.1 - World Tourism   32
        1.3.2 - Tourism in Brazil   34
    1.4 - The Tourism Market   42

2 Tourism marketing   48
    2.1 - Marketing Tourism Strategies   48
    2.2 - Supply and Demand of Tourism   54
    2.3 - The Tourism Environment   60
    2.4 - Marketing Mix   64
        2.4.1 - Mix of the Tourism Product   68
        2.4.2 - Distribution Channel   72
        2.4.3 - Prices and Costs   76
        2.4.4 - Promotion   84

3 The city of Rio de Janeiro   90
    3.1 - The History of Rio de Janeiro   90

3.2 - Aspectos Gerais   99

        3.2.1 - Principais Características   101

        3.2.2 - Principais Pontos Turísticos   105

        3.2.3 - Maiores Festas Temáticas da Cidade   109

4 O Plano Estratégico   113

    4.1 - Organização e Fases do Plano   115

    4.2 - Etapas da Elaboração   117

    4.3 - Metas do Plano   121

    4.4 - Plano Operacional   123

        4.4.1 - O Macroprograma "Desenvolvimento de Novos Produtos"   123

        4.4.2 - O Macroprograma "Melhoria de Produtos Atuais"   129

        4.4.3 - O Macroprograma "Sistema de Informação"   133

        4.4.4 - O Macroprograma "Marketing Turístico"   137

        4.4.5 - O Macroprograma "Novo Profissionalismo"   145

Conclusão   154

Bibliografia   157

3.2 - General Aspects   100

        3.2.1 - Main Characteristics   104

        3.2.2 - The Main Tourist Attractions   106

        3.2.3 - The World's Greatest Theme Parties   110

4 Strategic Plan   114

    4.1 - Organization and Stages of the Plan   116

    4.2 - Development Stages   118

    4.3 - Goals of the Plan   122

    4.4 - The Operational Plan   124

        4.4.1 - The Macro-program "New Product Development"   124

        4.4.2 - The Macro-program "Improvement of Existing Product"   130

        4.4.3 - The Macro-program "System of Information"   136

        4.4.4 - The Macro-program "Tourism Marketing"   140

        4.4.5 - The Macro-program "New Professionalism"   146

Conclusion   155

References   158

Introdução

Compreender a complexidade do empreendimento turístico na sociedade, por meio da ciência, tornou-se extremamente importante, uma vez que tem apresentado crescimento acelerado, tomando lugar de destaque entre as atividades promissoras do terceiro milênio.

O livro "Rio de Janeiro - Um Potencial Turístico" estará abordando esse tema a fundo, dando um posicionamento novo à atividade, que passou a ser objeto de atenção pública e privada, devido à sua importância ecológica, cultural, política e socioeconômica.

A expansão do fenômeno do turismo está diretamente ligada ao processo econômico, à concentração urbana, às facilidades de comunicação e ao desenvolvimento dos transportes. Por isso o segmento turístico tem um enorme potencial a ser desenvolvido e, através de trabalhos específicos para a área, aliado a profissionais especializados no setor turístico e hoteleiro, tal área de atuação deverá crescer com passos bem largos e de forma assustadora, para explodir daqui para frente.

Cristo Redentor
The Statue of Christ the Redeemer

Introduction

Gaining a scientific understanding of the complexity of the tourist business in society, has become extremely important, especially as tourism has shown exceptionally fast growth and has become one of the most promising industries of the third millennium.

This book, entitled " Rio de Janeiro - A Cith with Tourism Potential ", studies this subject in depth, giving a new perspective to this topic, which has come to the attention of both the public and private sectors, due its significance in the ecological, cultural, political and social-economic arenas.

The expansion of tourism is directly linked to economic progress, urban concentration, and the development of communication networks and transportation facilities. That is why the tourism market has such an enormous potential for development and, through specific projects in this area, implemented by professionals specializing in the tourism and hotel industries, this mark on.

This book describes some of the key marketing strategies used in this sector and how to develop a marketing strategy for a major tourist destination, as well as identifying the main points to be taken into consideration in developing such a marketing strategy.

The focus of this book is the City of Rio de Janeiro that, over the last eight years has reemerged as a tourist destination and won back its title of "The Marvelous City", significantly increasing the number of visitors to Rio, and improving the city's infrastructure, reforming museums and other important tourist attractions. The main challenge lay in showing that Rio de Janeiro is not just synonymous

O livro detalha algumas das principais estratégias de marketing já utilizadas no setor e como deve ser desenvolvida em especial uma estratégia de marketing turístico para uma cidade, bem como quais são as principais considerações a serem levadas em conta para desenvolver essa estratégia.

Esse livro tem como foco a Cidade do Rio de Janeiro, que, nos últimos oito anos têm ressurgido e retomando o posto de "Cidade Maravilhosa", aumentando significativamente o número de turistas, melhorando as estruturas, reformando museus e pontos turísticos importantes.

O principal desafio do Rio de Janeiro estava em provar que não era feita apenas de mulheres bonitas e carnaval e sim, um local não só ideal para o lazer, mas também uma cidade histórica dotada de infra-estrutura suficiente para sediar congressos nacionais e internacionais, com expressiva cultura e ótima gastronomia.

Esse livro foi realizado apoiando-se num grande trabalho de marketing desenvolvido pela Secretaria Especial de Turismo, juntamente com a Rio Tur, além de algumas comparações com cidades de potencial turístico já desenvolvidos; reforçamos com detalhes a importância do turismo para uma cidade, seus pontos fortes e fracos, suas ameaças e oportunidades.

No Capítulo 1, discorre-se sobre considerações gerais sobre o

with beautiful women and carnival, but rather, in addition to its attractions as a holiday destination, it is also an historical city, of cultural importance and gastronomic renown, well-equipped with the sound infrastructure necessary to host national and international congresses and business events.

This book presents the excellent marketing projects developed by the Special Bureau for Tourism, together with RioTur, as well as some comparisons with towns that have fulfilled their potential for tourism; it demonstrates, with examples, the importance of tourism to a city, the strengths and weaknesses, threats and opportunities.

Chapter 1 discusses general aspects of tourism, mentioning various important types of tourism, as well as providing a brief general overview of tourism around the world and in Brazil. This chapter also covers how the tourism industry is developing.

Chapter 2 addresses Tourism Marketing, focusing on some specific strategies in this area, as well as the supply and demand for tourism, the tourism environment, and also describing the Marketing Mix for a tourism product.

Lagoa Rodrigo de Freitas
Rodrigo de Freitas Lagoon

turismo, citando alguns de seus tipos importantes, além de dar um panorama geral e resumido sobre o turismo no mundo e no Brasil. Neste capítulo também é abordado como se está desenvolvendo o mercado turístico.

No Capítulo 2, aborda-se o Marketing Turístico, que enfoca tanto algumas estratégias pertinentes à área, quanto a oferta, demanda e o ambiente turístico, falando-se também do "Marketing Mix" de alguns produtos turísticos.

No Capítulo 3, aborda-se o foco do livro, a Cidade do Rio de Janeiro. Nele comenta-se um pouco da história da cidade, principais pontos turísticos, suas grandes festas temáticas, para que o leitor possa conhecer um pouco da cidade.

No Capítulo 4, apresenta-se um estudo sobre o plano desenvolvido para reviver o turismo na cidade do Rio de Janeiro, O Plano Estratégico, explicado detalhadamente sua parte organizacional, fases, etapas da elaboração, metas e, o principal: sua operacionalização.

Chapter 3 focuses on the central theme of this book, the City of Rio de Janeiro, describing a little of the history of the city, the main tourist attractions, its major festivals, and the like, providing the reader with some knowledge of the city.

Chapter 4 presents a study of the plan developed to revive tourism in the city of Rio de Janeiro, called the Strategic Plan, explaining in detail its organizational aspects, the phases and steps of its elaboration, its goals and, most importantly, its implementation.

Aspectos Gerais do Turismo

O objetivo principal deste capítulo é mostrar o processo de evolução do conceito de turismo, abordando alguns aspectos importantes sobre o assunto, como o potencial desse mercado, seu crescimento e como ele se configura no mundo e no Brasil.

1.1 - O Turismo

Se há um produto que chega às pessoas pelo coração, antes mesmo de atingir o cérebro, ele se chama Turismo. Sonhos, desejos, prazeres, alegrias, enfim, toda a textura emocional, que as pessoas carregam dentro de si, funciona como matéria-prima essencial para um marketing turístico eficaz, moderno e inteligente".

O turismo é uma atividade econômica que mobiliza mais de 50 setores produtivos de bens e serviços, requerendo o trabalho de inúmeras categorias técnicas e profissionais. Compreende ações de poder público, ao qual compete cuidar da oferta natural, como as reservas ecológicas e o meio ambiente em geral, oferecendo um sistema básico de infra-estrutura, saneamento, vias de acesso e planejamento urbano. Incorpora os serviços de dezenas de tipos de organizações que integram e complementam o produto turístico: hotéis e restaurantes; centros de entretenimento e cultura, como teatros e parques temáticos; centros de reunião, como salões de convenções e espaço para feiras e exposições; empresas de serviços receptivos, para programas e excursões locais e muitas outras. Finalmente, inclui as transportadoras, as organizadoras e as agências de viagens.

Todas essas organizações, por menores que sejam, passam a necessitar de um eficiente gerenciamento mercadológico de suas

General Aspects of Tourism

The main objective of this chapter is to show the process of evolution of the concept of tourism, addressing some of the important aspects of this topic, such as the potential of this market, its growth and how it configures, in the world and in Brazil.

1.1 - Tourism

If there is one product that touches people's heart before it reaches their brain, that product is "Tourism". Dreams, desires, pleasures, joys - the whole range of emotions that people carry within them - comprise the raw materials that are essential to effective, modern and intelligent tourism marketing.

Mirante da Vista Chinesa
The Chinese Pavillion

atividades, para se manterem competitivas, pois as essas se especializam e novos destinos ganham relevo no mapa turístico mundial, exigindo iniciativas e decisões ágeis e certas. Isso pressupõe conhecer bem e saber explorar adequadamente os recursos de marketing. Para trabalhar com mercado turístico, as localidades e as empresas necessitam cada vez mais saber lidar com esse conjunto de ferramentas técnicas, que facilitam o processo de trocas econômicas, e que são de maior importância, não só para o desenvolvimento estratégico, assim como para a permanência no mercado.

O "Produto Turístico" distingue-se bem, não apenas daqueles industrializados, como também dos demais tipos de serviços. Há uma

Tourism is an economic activity that mobilizes more than 50 productive sectors of goods and services, requiring the work of countless technical categories and professionals. It includes actions by the public sector, responsible for the natural resources, such as ecological reserves and the environment in general, providing basic infrastructure, sanitation, highways and urban planning. It incorporates the services of dozens of types of organizations that are integral to or complementary to the tourism product.: hotels and restaurants; leisure and cultural centers, such as theaters and theme parks; convention centers for exhibitions, trade fairs and congresses; tourist reception companies, for tourist programs and local excursions, as well as many others too numerous to mention. And finally, it includes companies in the transportation business, organizers and travel agencies.

All these businesses, however small, come to need an efficient marketing management of their activities, in order to remain competitive, as they begin to specialize in specific areas and as new destinations gain prominence on the world map, demanding initiatives and decisions to be taken quickly and correctly. This presupposes a broad knowledge of marketing resources and knowing how to apply them to maximum effect. In order to work in the tourism market, the destinations and the companies need to know more than ever how to work with these marketing tools that facilitate the business process and that are of prime importance, not only for strategic development, but also to remain in the marketplace.

The "Tourism product" differs not only from industrialized products, but also from other types of services. There is a relationship

relação de interdependência no conjunto de bens e serviços que compõem este produto, tornando-o extremamente complexo.

Uma de suas características mais marcantes é sua intangibilidade. O produto turístico é essencialmente imaterial. Após o uso, o que fica é uma experiência vivencial; outra característica importante sua é a heterogeneidade da demanda, fazendo com que as expectativas em relação ao produto também sejam muito diversificadas.

Devido à sua natureza abstrata, além de não poder ser experimentado antes, não há como avaliá-lo quanto ao seu tamanho, formato ou cor. A única forma de se conhecer o produto turístico, antes de comprá-lo, é através de fotos e vídeos.

Tal produto compõe-se de bens e serviços. Os bens turísticos são todos aqueles que "proporcionam ao homem a satisfação de exigências fisiológicas (repouso, lazer), espirituais (peregrinações), culturais (estudos e pesquisas) e morais (mudanças de comportamento)". Quase todos eles, ao contrário da grande maioria, não podem ser transformados, transferidos ou vendidos, podendo se constituir em bens materiais (mares, praias, parques naturais etc.), imateriais (arte, folclore, prestígio), livres (ar, clima) e apropriáveis (coleção de arte, campos de esporte etc.).

1.2 - Tipos de Turismo

O conceito tradicional de turismo, ligado a uma única e grande viagem, vem sofrendo modificações com o passar dos anos. Essa atividade está agora dividida em quatro grandes partes: as excursões de

Praia do Diabo
Devil´s Beach

of interdependency within the group of goods and services that comprise the product of tourism, making it an extremely complex product to work with.

One of the most notable characteristics of tourism as a product is its intangibility. It is essentially a non-material product. After its use, what remains is the memory of the experience; another important characteristic of tourism is the heterogeneity of its demand, so consumer expectations withregard to the product are also very wide-ranging. Due to its abstract nature, as well as not being able to try it out beforehand, there is no way to evaluate it in terms of size, form or color. The only way for a consumer to become acquainted with a tourism product before buying it is through photos and videos.

The tourism product is comprised of goods and services. Tourism goods are those which "fulfill the consumer's

um dia, que se definem como qualquer deslocamento para locais próximos e de retorno imediato ao lugar de residência, com uma duração entre quatro e vinte e quatro horas, contanto que não haja pernoite. As excursões de fins-de-semana e feriados são consideradas turismo de curta duração, ou seja, prevêem até quatro pernoites fora da residência principal, o lazer

é o principal motivo desse tipo de turismo. As férias de longa duração constituem-se nas principais, com duração variando de região para região, havendo ainda as viagens de negócio por motivação econômica e/ou turismo, como é o caso de congressos, feiras, ou convenções, cujo local da realização depende dos atrativos oferecidos pela cidade e de sua infra-estrutura de serviços.

    Além desses novos conceitos recebidos pelo turismo nesses últimos anos, existe também uma classificação quanto à sua principal característica: os pólos diferentes a serem explorados. Assim, uma cidade pode aproveitar vários desses pólos, dentre eles o rural, o cultural, o histórico, o fluvial, o ecológico, o ambiental, bem como o turismo recreativo e de entretenimento, além de bares, restaurantes e parques temáticos, citando apenas algumas de suas opções.

    O "Turismo Sexual" é certamente um dos tipos considerado o mais problemático. Seu combate vem sendo empreendido de maneira enérgica pelos governos, e os resultados em algumas regiões têm

Nossa Senhora da Penha e a fachada
Nossa Senhora of Penha´s Church and the Façade

physiological (rest, leisure), spiritual (pilgrimages), cultural (research and studies) and moral (change of behavior) needs". Unlike other goods, the majority of tourism goods cannot be transformed, transferred or sold. They may comprise material (oceans, beaches, woodlands, etc.), non-material (art, folklore, prestige), price-free (fresh air, climate) and possess-able (art collections, sport fields, etc.) goods.

1.2 - Types of Tourism

The tradition concept of tourism, associated with a single, great voyage, has undergone considerable changes over the years. Tourism is now divided into four main types: one-day excursions, which are defined as any trips to a location close by, lasting between four and twenty four hours, returning home immediately afterwards and without spending the

sido animadores. No Brasil, o programa de comunicação feito há décadas pelas entidades brasileiras valorizava a facilidade da obtenção de sexo por parte dos turistas, açenando com praias e mulheres seminuas.

Atualmente, circunstâncias das mais variadas, aliadas ao aumento da miséria mundial têm incentivado a prática da prostituição, até mesmo a infantil, fato degradante, porém inegável, para cujo término não há previsão. Tal questão tem preocupado até países mais desenvolvidos, como os europeus, pois compromete em grande parte a imagem institucional do país.

Outra grande modificação em relação ao turismo foi a criação de "pacotes "; o produto turístico começou a se formar quando essa atividade deixou de ser vista unicamente pelo lado daquele que viaja, voltando-se também para o de quem acolhe o viajante. Esse outro lado passou a oferecer serviços que funcionassem como estímulo e atrativo para levar o turista a uma determinada destinação. Houve um trabalho de intermediação dos dois pólos do turismo, por meio de empresas especializadas em criar condições mais práticas e eficientes de ligá-los.

Os "Pacotes Turísticos" surgiram na Inglaterra, podendo ser definidos por uma combinação de diferentes serviços, como transportes, hospedagem, entretenimento, circuitos

Monumento ao Pracinhas que participaram da 2º guerra Mundial
World War II Soldiers´Memorial

night away from home. Weekend andbank holiday excursions are defined as short-stay excursions, that is, including up to four nights away from home. The main purpose of this type of tourism is leisure. Long-stay holidays are the largest tourism sector, the length of stay varying from region to region, and finally, there are the business trips for reasons of work and/or tourism, as is the case of congresses, trade fairs and conventions, the location of which depends on the attractions offered by the city and its public infrastructure.

In addition to these new concepts that tourism has acquired over the last few years, there has also been a classification of its main characteristics - the different market segments to be exploited. As such, a city can develop a variety of these segments, such as, the rural, cultural, historic, ecological and environmental tourism, as well as recreational and entertainment tourism, and bars, restaurants and theme parks, to mention just a few of these market segments.

"Sexual Tourism" is certainly one of the most problematic market segments. Governments have been particularly aggressive in their actions to combat this type of tourism, with positive results. For decades, Brazilian travel agencies have focused their media advertising of Brazil on sunny beaches filled with beautiful, bikini-clad women, blatantly suggesting easily available sex for tourists. A variety of circumstances, many related to the increase in world
poverty, have stimulated the growth of prostitution, even that involving children - a shameful, but undeniable fact, the end to which is still not foreseeable. This is an issue of concern to even the more highly developed countries, in Europe, for example, as it severely compromises the institutional image of the country.

turísticos e outros, que se constituem em serviços altamente complementares ao turismo. Quem sai a passeio, necessita de todos esse serviços, para que a viagem seja adequadamente aproveitada.

1.3 - Panorama do Turismo

1.3.1 - O Turismo no Mundo

O turismo propicia o maior dos movimentos migratórios da história da humanidade, constituindo-se não só no primeiro setor econômico do mundo, como também numa das atividades de maior crescimento, com tendência muito forte a intensificar progressivamente sua representatividade no mercado global. Sua participação no PIB mundial é de 10,1% e gera aproximadamente 10,7% de empregos. Esta posição de liderança desse setor será fortalecida mais ainda, já que, segundo a OMT, Organização Mundial de Turismo, está previsto um crescimento médio de 6% sobre o PIB e de 5,9% no nível de empregos nos próximos 10 anos.

Em 2000 o mercado mundial de viagens rendeu alguns número bem interessantes:

a) 697,8 milhões de turistas viajaram pelo mundo

b) Europa recebeu 402,7 milhões de turistas (57%)

c) Américas receberam 128,9 milhões de turistas (19%)

d) A atividade turística na Europa gerou uma receita de 231,1 bilhões de dólares.

Another radical change in terms of tourism today has been the creation of "packages"; this tourism product emerged as the concept of tourism developed from being perceived just from the perspective of the traveler, to also include the perspective of those who provide him with accommodation and services. This other side started to offer services to motivate and attract the tourist to specific destinations. Intermediaries began to appear - companies specializing in creating more practical and efficient ways to link the two sides.

"Tourist Packages" emerged in England, and comprised a combination of various services, such as transportation, accommodation, entertainment, excursions, etc, all of which are clearly complementary services to tourism per se. Tourists need all of these services to some degree in order to properly benefit from their travels.

1.3 - An Overview of Tourism

1.3.1 - World Tourism

Tourism has encouraged the greatest migratory movement in the history of mankind, not only having become the world's largest economic sector, but also one of the fastest growing, with its share of the global market tending to increase progressively. Its share of the world's GDP currently stands at 10.1%, generating approximately 10.7% of all

Parque National da Tijuca
Tijuca National Park

Atualmente, o país que mais recebe turistas no mundo é a França, com 62 milhões ao ano; em seguida, vêm os Estados Unidos, com 46 milhões e, em terceiro lugar, a Espanha, com 44 milhões. Nem por isso os Estados Unidos deixam de ser o país que mais lucra com o turismo no mundo, faturando em média 61 milhões de dólares ao ano, a França lucra apenas a metade. Uma das mudanças mais significativas no panorama mundial foi a da Espanha, que passou da quarta posição em 1994, para a segunda em 1998, em receitas vindas do turismo e continua nessa posição.

1.3.2 - O Turismo no Brasil

O Brasil é uma das maiores economias do mundo, porém ocorreram aqui poucas transformações positivas, relativas a uma mudança na filosofia empresarial de negócios, que pudessem conduzir a nação a um crescimento em participação competitiva na área de serviços em base competitiva. A problemática decorrente da falta de uma política industrial e fiscal vem afetando sobremaneira as atividades internas e o incremento daquelas voltadas à área de exportação, notadamente dos produtos considerados supérfluos. A atividade turística vem crescendo

adriana JORDAN

jobs. The leadership of this sector will be further strengthened as, according to the World Tourism Organization, over the next 10 years, tourism is forecast to show an average growth of 6% per year in terms of GDP and 5.9% p.a. in terms of jobs.

In 2000, the world travel market generated some impressive numbers:
a) 697.8 million tourists traveled throughout the world
b) Europe received 402.7 million tourists (57%)
c) The Americas received 128.9 million tourists (19%)
d) The tourism sector generated income of US$ 231.1 billion

At present, the country that receives most tourists in the world is France, with 62 million per year; the United States is in second place, with 46 million tourists and, in third place, Spain, with 44 million. Notwithstanding, the United States profits most in the world from tourism, invoicing an average of US$ 61 million each year, France reaping just half of this amount. One of the most significant changes in the world tourism scene was the performance of Spain, that leapt from fourth in the ranking in 1994 to second place in 1998, in terms of receipts from tourism

1.3.2 - Tourism in Brazil

Brazil is one of the world's largest economies, however, positive changes in terms of business philosophy still have to take place for the country to become truly competitive and increase its participation in the world marketplace. Lack of adequate industrial and fiscal policies

Canal de Marapendi

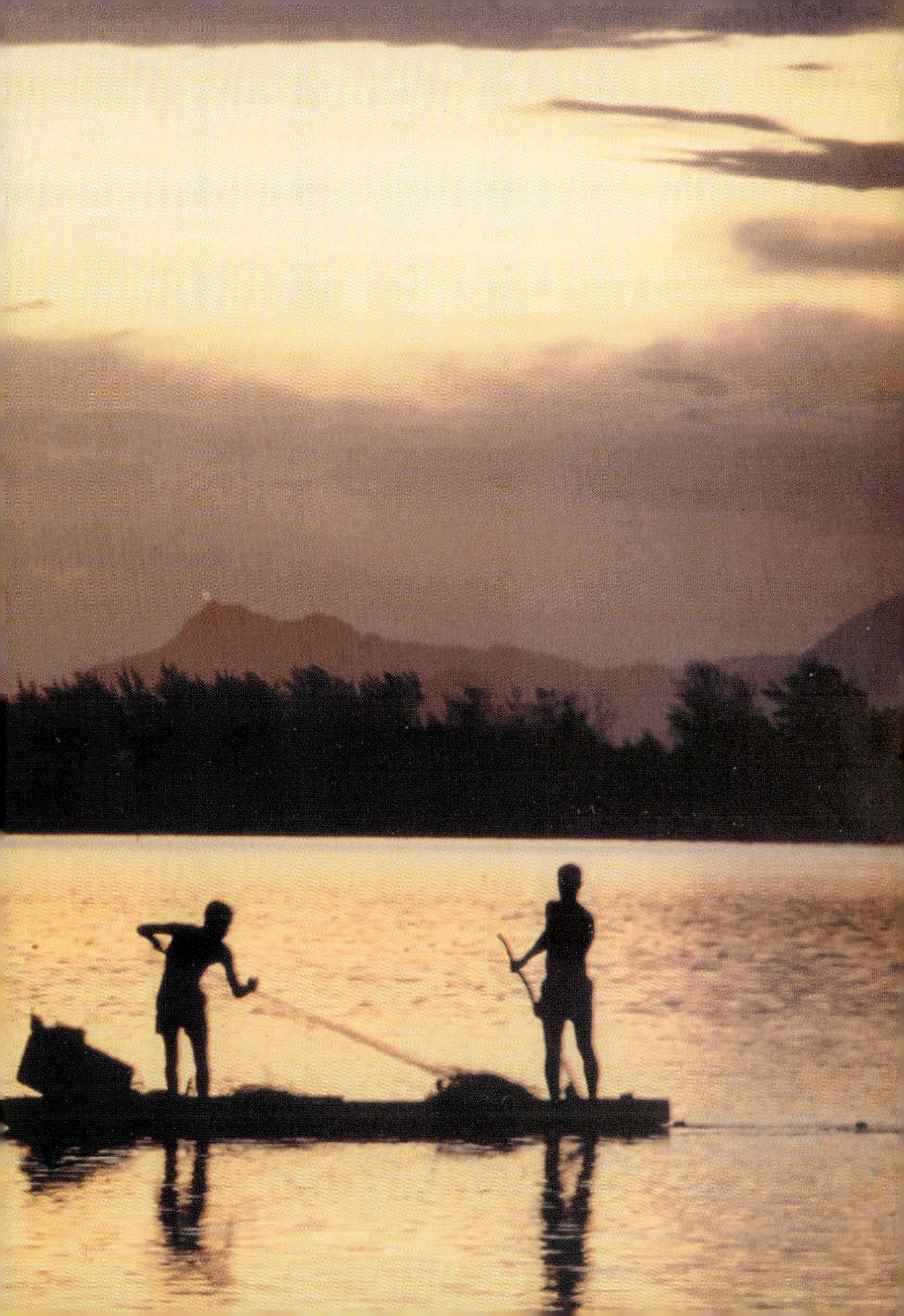

assustadoramente, entretanto, o país não possui uma infra-estrutura capaz de acompanhar esse crescimento.

Torna-se necessária uma política de investimentos setoriais, que vise não só ao aumento do consumo interno aliado à melhoria de processos de fabricação e técnicas de comercialização de produtos e serviços, como também ao aumento da diversificação desses produtos e serviços destinados ao mercado exterior, mediante maiores investimentos na infra-estrutura do país, objetivando melhorias dos atrativos e mudança filosófica em relação a esse setor, por parte da população.

O potencial turístico do Brasil é muito forte e vem atraindo grandes grupos internacionais e investidores locais. Só até 2002, estarão sendo investidos 6 bilhões de dólares na construção de resorts, hotéis e pousadas. Tal investimento vai gerar mais de meio milhão de novos empregos e oportunidades de negócio para pequenas e grandes empresas. Porém, o setor turístico brasileiro está bem abaixo da média mundial, representando 8% do PIB e 9% da oferta de empregos. Nossa conta-turismo apresenta um déficit de US$2,8 bilhões, quando comparados os gastos dos turistas estrangeiros no Brasil com os dos brasileiros no exterior (US$ 5 bilhões).

Para se ter uma idéia, o Brasil recebeu em 2000 em média 40 milhões de turistas nacionais, 5,3 milhões de turistas estrangeiros ao ano e teve uma receita de US$ 5,5 bilhões com o turismo, uma quantidade infinitamente

have had a negative impact on economic activities in both the local market and on the growth of exports, especially of products considered superfluous. Tourism has been growing exponentially, but the country still does not have the infrastructure necessary to keep pace with this growth.

 Brazil needs a policy of sectorial investments, aimed at increasing domestic demand by improving the manufacturing processes and sales techniques for both products and services, as well as increasing the diversity of those products and services destined for the foreign markets, through greater investment in the country's infrastructure, to improve tourist attractions and effect a change in philosophy with regard to this sector on the part of the population.

Brazil's potential as a prime tourist destination is very high and has been attracting major international groups and local investors. By 2002, 6 billion dollars will have been invested in the construction of

inferior, se comparada à da França, dos E.U.A. e da Espanha, sendo que possuímos uma enorme potencialidade natural, de grandes valores paisagísticos, junto a nosso patrimônio sociocultural.

O Brasil formaliza um conjunto de grandes riquezas, principalmente para o turismo. A maioria dos turistas estrangeiros ingressam no Brasil por via aérea (51%) e o principal portão de entrada de turistas estrangeiros no Brasil, é São Paulo (27,6%), devido a maioria dos vôos internacionais passarem a ter chegada em São Paulo que é também a cidade que mais envia turistas para o exterior, seguido do Rio Grande do Sul (23,3%), que pelo fato de ser a cidade de fronteira com a Argentina, que nos envia o maior número de turistas, e em terceiro lugar a cidade do Rio de Janeiro (15,4%). No entanto foi o Rio de Janeiro que recebeu o maior número de turistas estrangeiros (34,13%), seguido de São Paulo (19,65%), Florianópolis (18,69%), Salvador (13,47%) e Foz do Iguaçu (12,94%).

Outro ponto interessante a ser analisado são os principais mercados emissores para o Brasil. A Argentina é o país que mais envia turistas para o Brasil, em 2º lugar vem os Estados Unidos (12%), Paraguai (7%), Uruguai (8%), Alemanha (5%), Itália (4%), Portugal e França (3% cada) e Inglaterra (2%). È importante dizer que o Mercosul representa 48% dos turistas estrangeiros que entram no país.

Praia da Barra da Tijuca
Barra da Tijuca´s Beach

resorts, hotels and inns. This investment will generate more than half a million new jobs and business opportunities for small and large companies. However, the Brazilian tourism sector is well below the world average, representing just 8% of GDP and 9% of job offers. Our tourism account shows a deficit of US$ 2.8 billion, comparing expenditure in Brazil of tourists from abroad with that of Brazilians traveling overseas (US$ 5 billion).

To illustrate further, in 2000 Brazil received 40 million national tourists and 5.3 million tourists from abroad. Total receipts from tourism were US$ 5.5 billion, a great deal less than that of France, the USA and Spain, despite Brazil having immense natural resources and a diverse geography, in addition to its social and cultural wealth. Brazil comprises variety of riches, particularly valuable to tourism.

The majority of tourists from abroad enter Brazil by air (51%), the main point of entry being Sao Paulo (27.6%), followed by Rio Grande do Sul (23.3%) and Rio de Janeiro (15.4%). This is because the majority of international flights now fly into Sao Paulo, which is also the city from which most international flights depart. However, Rio de Janeiro receives the most tourists from abroad (34.13%), followed by Sao Paulo (19.65%), Florianopolis (18,69%), Salvador (13,47%) and the Iguassu Falls (12,94%).

Another interesting point that needs to be taken into consideration is which countries these tourists come from. Argentina is the country that sends the greatest number of tourists to Brazil. In second place comes the USA (12%), Paraguay (7%), Uruguay (8%), Germany (5%), Italy (4%), Portugal and France (3% each) and the

1.4 - O Mercado Turístico

Esse mercado consiste num conjunto de pessoas que compartilham de uma necessidade ou desejo específico, dispostos e habilitados a realizar transações de troca que satisfaçam a sua necessidade. Por isso, seu tamanho depende do número de pessoas que mostram a mesma necessidade, que tenham recursos e que estejam dispostas a oferecê-los em troca do que desejam; refere-se ainda a um grupo de compradores que adquire bens e serviços, em troca de dinheiro, para um grupo de vendedores, que colhe informações dos desejos e necessidades do mercado comprador e oferece os bens e serviços capazes de satisfazê-lo, mediante prévia comunicação com ele.

Para o turismo, o papel do mercado governamental é fundamental, pois é ele o grande responsável pelo ambiente onde acontecem as relações de troca, mediante a infra-estrutura de determinada destinação turística. Os serviços de apoio à comunidade - saneamento básico, abastecimento de água, energia elétrica, comunicações e outros- são essenciais também para que

Parque Municipal Ecológico da Prainha
Prainha´s Ecological Park

United Kingdom (2%). It is important to mention that the Mercosur member countries represent 48% of the foreign tourists that come to Brazil.

1.4 - The Tourism Market

This market comprises groups of people who share a specific need or desire, and who are willing and able to effect transactions to satisfy that need. Therefore, the size of the market depends on the number of people who have the same need and who have the means and are willing to offer them in exchange for that which they desire; it is also a group of buyers who acquire goods and services in exchange for money, and a group of sellers who collect information on the needs and desires of the potential buyer and offers the goods and services to satisfy them, via prior communication with these market participants.

For tourism the role of the government is fundamental, as it is the government that is responsible for the environment in which the exchanges take place, by means of the infrastructure of a particular tourist destination. The upport services of a community

esse mercado esteja propício à negociação de seus bens e serviços. É importante que o desenvolvimento urbano, transportes, malha viária, limpeza, conservação pública, segurança, etc. tenha as condições mínimas necessárias para estabelecer as relações de troca do mercado turístico.

Para sobreviver e permanecer no mercado, cada agente deve enfrentar os riscos do ambiente. E o mercado turístico é um ecossistema que ameaça constantemente a sobrevivência dos vários produtos e organismos turísticos. Ao mesmo tempo em que oferece fatores de risco, o ambiente de marketing oferece também fatores de oportunidade, possibilidades de domínio e vantagens em determinadas situações. Conhecer como funciona esse ambiente, quais são as forças que agem dentro dele e como lidar com elas, ora neutralizando, ora evitando, ora, ainda, aproveitando-as a favor de seus interesses, é de fundamental importância para as organizações turísticas.

Não existem estudos quantitativos confiáveis sobre o tamanho e o potencial dos segmentos especializados em nível mundial, porém os estudos realizados em diversos países indicam que os motivos que impulsionam as viagens turísticas estão mudando . Dos quatro "S" (Sun, Sand, Sea, Sex - respectivamente nossos sol, areia, mar e sexo) para os quatro "E" (Equipement, Environement, Encadrement, Évenement agora traduzidos em equipamento, meio-ambiente, encaixilhar e acontecimentos), que caracterizam as férias ativas, independente do destino.

Outro ponto importante para ser levantado é que está havendoum aumento da demanda por alguns tipos de turismo, entre eles o mais responsável, que não degrade o meio ambiente e não interfira

- basic sanitation, water supply, electricity, communications and others - are also essential for this market to be apt to negotiate its goods and services. It is important that the urban development - transport, road network, cleaning services, conservation, security, etc. - has the minimum conditions necessary to establish these exchange relationships in the tourism market.

In order to survive and remain in the market, each agent has to face the risks of the environment. The tourism market is an ecosystem that constantly threatens the survival of various products and organisms of tourism. At the same time as it has risks, the marketing environment also offers opportunities, possibilities for success and advantage in certain situations. Understanding

Largo do Boticário
Apothecary´s Square

adriana JORDAN

Palmeira Imperial
Palm-Tree

negativamente na cultura local; o aumento do turismo de terceira idade, principalmente dos países desenvolvidos e o do patrimonial, que busca por lugares que possuam outras culturas e natureza própria. O consumidor quer ser mais ativo e, como reafirmação de sua personalidade, vem procurando por qualidade nos serviços prestados e uma maior personalidade e flexibilidade dos pacotes oferecidos. Paralelamente, a demanda por qualidade e preço para "fazer" turismo vem crescendo, o que demonstra uma busca cada vez maior por um equilíbrio na relação qualidade e preço.

As variáveis de segmentos tambem são fatores importantes no momento de ofertar um produto no mercado uma vez que quanto mais segmentado num mercado específico, mas provavelmente irão atender a necessidade. Inúmeras necessidades são encontradas no mercado mundial para serem atendidas desde que se identifique a preferência desse mercado e se possa atendê-las a um preço competitivo num tempo e espaço adequado.

adriana JORDAN

Enseada de Botafogo
Botafogo´s Beach

how this environment operates, the forces that are at work in it and how to handle them, sometimes by neutralizing them, sometimes avoiding them and sometimes even taking advantage of them, is of prime importance for every tourism-related organization.

There are no reliable quantitative studies on the size and potential of specialized segments on a worldwide level, though studies carried out in various countries seem to indicate that the reasons for travel by tourists are changing - from the four "S" (sun, sand, sea and sex) to the four "E" (Equipement, Environement, Encadrement, and Événement) that characterize active holidays, whatever the destination. Another important point to be considered is that there is a growing demand for certain types of tourism, among which, the more responsible type, that does not have a negative impact on the environment or the local culture; the increase in tourism by old people, mainly from developed and wealthy countries, looking for places with different cultures and scenery.

The consumer wants to be more active in the purchasing process, and reflecting this, is looking for quality in the services offered, greater personalization and flexibility in the packages available. Parallel to this, demand for better quality at lower prices to "do" tourism, which shows an ever-increasing search for a more balanced relationship between quality and price.

The variables of segments also are important factors at the moment of offering a product to the market, as the more segmented a specific market is, the more likely it will fulfill the tourist's need. Countless needs are found in the world market to be satisfied as long as one identifies the preference of this market and can service it a competitive price at an appropriate time and place.

Marketing Turístico

Após entender um pouco sobre o turismo e como ele vem crescendo nas cidades potenciais, é preciso compreender também qual é sua relação com o marketing, bem como a importância dos dois estarem sempre caminhando juntos.

2.1 - Estratégias para o Marketing Turístico

O desenvolvimento de projetos, que têm como objetivo o bem-estar social, está intimamente ligado às rápidas mutações competitivas e à busca constante da melhoria na qualidade de vida. A ferramenta ideal para tocar estes objetivos é o marketing turístico. Logo, podemos definir o marketing turístico como um conjunto de atividades quefacilitam a realização de trocas entre os diversos agentes que atuam direta ou indiretamente, no mercado de produtos turísticos.

Tourism Marketing

After understanding a little about tourism and how it has been growing in cities with tourism-potential, it is also necessary to understand how it relates to marketing, and the importance of both always working in tandem.

2.1 - Marketing Tourism Strategies

The development of social welfare projects is directly linked to fast-changing competition and the constant pursuit of better quality of life. The ideal tool to reach these objectives is tourism marketing. As such, we can define tourism marketing as a group of activities which facilitate the interactions between the various agents, involved directly or indirectly in the tourism market.

Whether intentionally or intuitively, man goes in search of culture, leisure and relaxation, or, out of mere curiosity, new places, situations, experiences, attractions or events that will bring him a certain satisfaction. Hence, tourism activities have evolved and improved, sometimes through increasing professionalism of the companies and personnel involved directly or indirectly in the sector, sometimes just through market pressures, or by means of higher consumer demands regarding the services provided, or due to new market needs, or increasing competition within the country, or on an international level.
Marketing tools enable the development of quality products, able to

Vendedor de comidas típicas brasileira
Brazilians tipical Sweet´s and Cake´s

O homem tem buscado, intencionalmente ou de maneira acidental, a cultura, o lazer, o descanso ou, até por mera curiosidade, novos locais, situação, emoções, atrativos ou eventos que venham a lhe proporcionar certa satisfação. Dessa forma, as atividades turísticas têm-se desenvolvido e aprimorado, ora pela profissionalização das empresas e pessoas que atuam direta ou indiretamente nos setores, ora pela própria pressão do mercado, ora por meio de consumidores e clientes mais exigentes em relação aos serviços prestados, ora por novas necessidades do mercado, ou por aumento da competitividade interna dos países, ou ainda por nível internacional.

Através dos instrumentos utilizados pelo marketing é que se poderá desenvolver um produto de qualidade, pronto a atender as necessidades de sua demanda incrementando-a, com um trabalho de divulgação adequado para atrair o publico certo. Através de consultas de materiais de estudos ligados ao turismo e, principalmente, ao marketing turístico, pode-se elaborar este trabalho, com o objetivo de se analisar a importância do turismo no Rio de Janeiro e a indispensável presença do marketing para o desenvolvimento desta indústria.

Arcos da Lapa no Bairro da Lapa
Carioca Arquetucta

meet the needs of demand and even add to them, with appropriate advertising to attract the right public. This can be done by studying research material on tourism and especially tourism marketing, with the aim to analyze the importance of tourism in Rio de Janeiro and the vital presence of marketing for the development of this industry.

Marketing strategies should be developed and implemented bearing in mind the characteristics and direction of the specific tourism market. These can include:

a) Re-marketing, which aims to elaborate actions to establish supplier loyalty, so that the client company can be assured of availability of their products and services whenever necessary and in the quantity it needs.

b) De-marketing, because, as often happens, through lack of planning or in error, the company can find itself in a situation in which it is selling more than it is able to produce and runs the risk of compromising the company's image of high-quality. As such, it needs to take action to reduce sales during certain periods.

c) Synchronization Marketing, as certain markets see seasonal variations in sales at different times of the year.

d) Third-party Outsourcing

Pedra da Gávea
Gávea´s Mountain

As estratégias de marketing devem ser desenvolvidas e aplicadas levando-se em consideração as características e movimentações ambientais do mercado turístico. Elas podem ser do tipo:

a) Remarketing, que visa a desenvolver ações a fim de tornar fiéis os fornecedores de matérias-primas e serviços, para que a empresa-cliente possa ter sempre à disposição produtos e serviços quando necessitar e com a qualidade desejada.

b) Demarketing, já que, muitas vezes, por falta de previsão, planejamento ou mesmo erro, pode ocorrer uma situação em que a empresa estará vendendo acima de sua capacidade de produção e, nesse caso, poderá comprometer a qualidade e imagem da empresa. Portanto deverá tentar algo que acarrete a diminuição das vendas durante determinados períodos de tempo.

c) Marketing de Sincronização, visto que determinados mercados têm flutuações de vendas que podem ser sazonais.

d) Terceirização, técnica que consiste em repassar a terceiros atividades não-fins da empresa.

e) Quarterização, em que as empresas prestadoras de serviços podem também terceirizar, dando ênfase ao lado gerencial dos negócios.

f) Marketing Interno, em que a empresa deve treinar e motivar os funcionários para estabelecerem contato direto não só com os clientes, assim como aqueles responsáveis por atividades de apoio. Toda a equipe

a technique comprised of contracting out to third-parties those services that are not the core business of the company.

 e) Fourth-party Outsourcing, by which the companies that provide services also contract out to third-parties, to focus on the management of their businesses.

 f) Internal Marketing, through which the company should train and motivate its employees to make direct contact not only with the clients, but also with those responsible for support activities. The whole team becomes client-oriented, without which it is unable to provide a high level of services.

 g) Interactive Marketing, where quality depends greatly on the interaction between buyer and seller. Although the quality of a product does not depend on how it is purchased, the quality of a service is highly dependent on who provides it. Consumers tend to evaluate the quality of a service not just in terms of its technical aspects, but also in terms of how it is performed.

Palácio Tiradentes
Tiradentes Palace

pratica uma orientação para o cliente, porque sem ela não é possível oferecer um elevado nível de serviços.

g) Marketing Interativo, no qual a qualidade é altamente dependente da interação comprador-vendedor. Enquanto a qualidade de um produto não depende de como ele é comprado, a qualidade de um serviço está ligada a quem executa. O consumidor tende a avaliar a qualidade de um serviço não somente pela qualidade técnica, mas também pela funcional.

h) Marketing de Relacionamento, em que se parte do pressuposto de que todos os indivíduos podem formar um networking, isto é, uma rede de relacionamento que pode auxiliar no desenvolvimento de novos negócios para a empresa ou mesmo pessoalmente.

i) Posicionamento Competitivo, na medida em que os consumidores observam certa homogeneidade nos produtos e serviços, o que mais lhes interessa é o preço. A solução para essa concorrência pode estar no desenvolvimento de oferta e de imagem diferenciada. O posicionamento consiste em um somatório de ações que possibilitam aos consumidores obter "recall" e preferência por determinados produtos, empresa ou marca.

j) Personalização, enfatizando que, cada vez mais, as empresas devem focalizar seus esforços para cativar e tornar fiéis seus clientes. A personalização consiste em ações que focalizam o atendimento da empresa e consumidor final.

h) Relationship management, based on the premise that all individuals are able to network, that is, develop a network of relationships that can help them develop new business for the company or themselves.

i) Competitive Positioning, the greater the similarity between products or services, the greater the importance that consumers attach to price. The solution to this type of competition may be in developing differentiated products/services and company image. Positioning consists of a variety of actions that increase the level of consumers "recall" and preference for specific products, companies or brands.

j) Personalization, emphasizing that companies increasingly need to focus their efforts on attracting and maintaining the loyalty of their clients. Personalization consists of actions that focus the company's attention on the final consumer.

2.2 - Supply and Demand of Tourism

In addition to the natural attractions of certain regions that naturally generate a flow of tourists, the availability of tourism goods and services contributes to luring tourists to a specific region, during specific periods.

This availability constitutes the raw materials of the tourism sector, through a group of natural and cultural resources, to which tourism services are added, such as transportation, accommodation, food and others, together forming the tourism product.

This notion that natural and cultural resources are raw materials for tourism is important in order for people to build awareness of its need for maintenance and conservation through the correct use of

2.2 - Oferta e Demanda Turística

Além dos atrativos naturais de determinadas regiões, que geram naturalmente um fluxo turístico, a oferta de bens e serviços turísticos contribui para atrair turistas em determinada região, durante certo período.

Essa oferta constitui a matéria-prima da atividade turística, mediante um conjunto de recursos naturais e culturais, aos quais se agregam serviços turísticos, como os de transporte, hospedagem, alimentação e outros, formando, junto, o produto turístico.

Essa noção de que os recursos naturais e culturais são matérias-primas para o turismo é importante para que se tome consciência de sua manutenção e conservação pela correta utilização desses recursos no decorrer do tempo, de forma que forme um turismo auto-sustentado.

Esses elementos são fatores que diferenciam o produto turístico, configurando-se em um fenômeno único, uma vez que se torna impossível reproduzir com fidelidade ambientes naturais e culturais diferentes de seu local original.

A demanda por turismo não é composta de simples elementos ou serviços específicos isoladamente. São demandados bens e serviços que se completam entre si.

O homem, sujeito ativo do turismo, baseia suas preferências em razão da existência de múltiplos elementos ou condições, que constituem os fatores especiais da decisão turística. Alguns aspectos como natureza dos recursos, meio ambiente, comunicação, climatologia, ação do homem, dimensão relativa e personalidade são

these resources over time, so as to develop sustainable tourism. It is these factors that differentiate tourism from other products, making it a unique phenomenon, as it is impossible to realistically reproduce natural and cultural environments away from their original location. Demand for tourism is not just comprised of specific elements or services on their own. Goods and services which complement each other are demanded.

Man, the active subject of tourism, bases his preferences on a multitude of elements and conditions, which comprise the spatial factors of the tourism decision. Some aspects, such as the nature of the resources, environment, communication, climate, man-made, relative dimension and personality are some of the classifications that comprise such factors.

Praia Vermelha e o Bondinho do Pão de Açucar
Red Beach and the Cable-car of the Sugar Loaf

algumas das classificações que constituem tais fatores. Além desses fatores espaciais, existem outros fundamentais para que haja demanda e o fenômeno do turismo possa ser concretizado. Dentre os mais importantes está o tempo livre, para que o indivíduo possa destiná-lo a atividades de turismo. Considera-se que tempo disponível seja um fator importante porem não determinante, a influenciar o aumento da demanda turística.

    A decisão de compra de uma pessoa é o resultado de uma complexa interação de fatores culturais, sociais, pessoais e psicológicos, que não podem ser influenciados pela ação do marketing turístico. Entretanto, são úteis para segmentar e focar o mercado, identificando os compradores que possam estar mais interessados nos produtos e serviços turísticos colocados à venda.

In addition to these spatial factors, there are others that are fundamental to the existence of demand for - and the realization of - tourism. Among the most important of these is free time, so an individual can allocate it to tourism activities. Free time is considered to be an important factor, though not a decisive one, in influencing the increase in demand for tourism.

A person's purchasing decision is the result of a complex interaction of cultural, social, personal and psychological factors that cannot be influenced by tourism marketing actions. Notwithstanding, they are useful to segment and determine a market, identifying buyers that may be more interested in certain tourism products and services available in the marketplace.

2.3 - O Ambiente Turístico

As organizações turísticas sofrem constantemente ameaças do ambiente de marketing que colocam em risco a sua permanência no mercado. Por outro lado, para sobreviver nesse ambiente, devem aproveitar as oportunidades que surgem, crescendo, ampliando suas atividades e consolidando-se na sua área de atuação.

O ambiente de marketing está dividido em três grandes áreas de influência: o ambiente interno que é a própria organização turística, ou seja, o ambiente gerador do produto; o microambiente, que é composto pelos turistas e pelas empresas que formam o trade turístico direta e indiretamente ligado à cidade; e o macroambiente, uma esfera mais ampla onde estão os fatores que influenciam todas as organizações integrantes do microambiente. A organização turística não tem aqui condições de alterar ou agir sobre o ambiente, de modo isolado. O ponto de partida desse processo é, portanto, a sensibilidade empresarial e administrativa para perceber situações de risco atual e futuro.

Uma vez percebido o quadro mercadológico e suas implicações para o futuro da localidade no mercado turístico, o segundo ponto a ser ativado é a sensibilidade para oportunidades de negócios e expansão.

A infra-estrutura básica de uma destinação turística também é elemento fundamental para a viabilização das atividades. A implantação de uma estrutura turística em uma determinada localidade depende da disponibilidade de alguns insumos básicos, como luz e água, além dos atrativos de acomodação, como o próprio hotel, por exemplo. Um resort a ser implantado em uma praia deserta, por

2.3 - The Tourism Environment

Tourism organizations are constantly under threat from the marketing environment that puts their continuation in the marketplace at risk. On the other hand, in order to survive in this environment, they need to take advantage of the opportunities that arise by growing, increasing their activities and consolidating their presence in the business they are in.

The marketing environment is divided into three main areas of influence: the internal environment, which is the tourism organization itself, that is, the environment that generates the product; the micro-environment, comprised of tourists and companies that make up the tourist trade linked directly or indirectly to the city; and the macro-environment, a wider sphere, comprising the factors that influence all the organizations that make up the micro-environment. The tourism organization is unable, on its own, to alter or influence the

exemplo, precisará levar até lá energia elétrica, rede telefônica, iluminação pública, vias de acesso e rede de esgotos. Sem estes elementos básicos, o empreendimento fica inviabilizado. Além disso, o mesmo resort localizado à beira-mar, ou de um rio, ou de um lago, poderá poluir a água, se não contar com um sistema de tratamento de esgotos e aí estará destruindo a razão de sua existência, que é um atrativo representado pela massa de água.

Dessa forma, a infra-estrutura básica é uma pré-condição para qualquer empreendimento turístico e hoteleiro. O que pode ser desenvolvido pelo empreendedor e apresentado ao consumidor, caso não haja infra-estrutura suficiente para o bem-estar do consumidor, é agregar valor ao produto turístico e hoteleiro, por meio da venda ou oferecimento complementar de produtos e serviços não existentes. Um hotel, por exemplo, pode oferecer serviços ligados à rede bancária. Outro ponto a considerar é que algumas áreas realmente não terão necessidade de determinados itens de infra-estrutura, como no caso do turismo rural ou ecológico, pois descaracterizaria o propósito do turista.

2.4 - Marketing Mix

O mau atendimento, o mau serviço, ou sua má qualidade podem ser interpretados não como fatos isolados, mas sim, como uma falta de planejamento e visão de negócios de uma organização.

environment. The starting point in this process is therefore business sensitivity and management to perceive current and future risk situations.

Once the definition of the marketplace and its implications for the future of the location in the tourism market is perceived, the second step is to develop sensitivity for business and expansion opportunities.

The basic infrastructure of a tourist destination is fundamental to the feasibility of tourism. The installation of a tourism structure in a certain location depends on the availability of certain basic ingredients, such as electricity and water supply, as well as the attraction of accommodation, such as the hotel itself, for example. In order to establish a resort on a deserted beach, for example, electricity, telephone lines, public lighting, access roads and sewerage networks have to brought in. Without these basic elements, the enterprise cannot be viable. In addition, the same resort, situated on the beachfront, or on a river bank, or lakeside, is likely to pollute the water, unless is has a suitable sewerage treatment system, and would in fact be destroying its basic reason for existence, that is, the attraction represented by the

O "Marketing Mix" é um conjunto de variáveis criadas e gerenciadas, portanto, controláveis pelo profissional de marketing, com o intuito de melhor satisfazer as necessidades e desejos latentes do mercado. Sob o ponto de vista da teoria pura do marketing, o mix pode ser considerado e composto por quatro variáveis básicas: o produto, a distribuição, o preço e a promoção.

Produto é tudo aquilo que pode ser oferecido a um determinado mercado para satisfazer desejos e necessidades humanas que podem ser básicas, sociais, individuais, de conhecimento e auto-realizações. Os desejos são necessidades humanas moldadas conforme o ambiente cultural e as características individuais de cada um. Todos os indivíduos possuem necessidade de alimentação, no entanto, cada um irá se satisfazer consumindo produtos e serviços de diferentes origens, como em restaurantes, fast-food e similares.

As such, basic infrastructure is a prerequisite for any tourist and hotel enterprise . What the entrepreneur can develop and offer to the consumer, should the infrastructure be insufficient to satisfy the basic needs of the consumer, is to add value to the tourist or hotel product by selling or offering complementary products and services that currently do not exist. A hotel, for example, can offer services linked to the banking system. Another point to bear in mind is that some areas really do not require certain infrastructure items, as is the case with rural or ecological tourism, where the existence of such infrastructure would in fact be in total contradiction of thetourist's intention.

2.4 - Marketing Mix

Poor, inadequate or bad service can be interpreted not as isolated incidents, but rather, as a lack of planning and business competence of an organization.

The Marketing Mix is a collection of variables created and managed - and therefore, able to be controlled by the marketing professional - which aim to best satisfy the needs and latent desires of the market. From a purely theoretical marketing point of view, the marketing mix is considered to be comprised of four basic variables: product, distribution, price and promotion.

Product is everything that can be offered to a certain market to satisfy human needs and desires, be they basic, social, personal, knowledge or self-realization needs. The desires are human needs molded according to the cultural environment and individual characteristics of each person. All individuals have a need for food, but

O marketing não cria necessidades, mas, por meio de um minucioso trabalho e análise investigativa, vem descobrir as necessidades latentes e procura, por meio de produtos e serviços, melhor atendê-las. As necessidades são, de maneira geral, privações de longo prazo, isto é, sempre existirão. Os desejos, ao contrário, visam a suprir carências e privações de curto prazo, podendo ser moldados conforme as mudanças de ambiente.

O "Marketing Mix" é composto por produto, preço, promoção e ponto de distribuição e seu resultado será positivo ou negativo, conforme a complemen-tação e interdisciplinaridades dos respectivos itens; cada item possui seu respectivo "mix", constituído por características, funções, táticas e estratégias, que devem ser gerenciadas pela empresa, a fim de otimizar os recursos (financeiros, econômicos, humanos, entre outros) da empresa, seus objetivos (ligados à sua missão) e, por fim, mas de modo muito relevante, a satisfação do cliente.

2.4.1 - Mix do Produto Turístico

Em turismo, o produto básico são os atrativos naturais, o que é inerente ao próprio local. Cada um deles, com suas características próprias, possui atrativos, como, por exemplo, fauna, flora, praias, montanha. A materialização do produto básico forma o produto real, que constitui a parte física do local, denominada em turismo como os próprios atrativos naturais ou os transformados, isto é, aqueles que sofreram a ação humana em sua constituição física. O produto real são todos os atrativos desenvolvidos especialmente para acomodar as

WindSurf na Praia
Windsurf at the Beach

each individual will satisfy his need by consuming products and services of different origin, as in restaurants, fast-food counters and the like.

Marketing does not create needs, but, by means of minutely detailed work and investigative analysis, discovers latent needs and tries, by means of products and services, to best satisfy them. Needs are generally long-term privations, that is, they will always exist. In contrast, desires aim to satisfy short-term privations and wants, which can be molded according to changes in the environment.

The Marketing Mix is comprised of product, price, promotion and point of distribution and its result can be either positive or negative, according to the level of complementariness and interdisciplinariness of the respective components; each component has its own respective mix, comprised of characteristics, functions,

adriana JORDAN 65

necessidades do turista. O nível de produto ampliado pode resultar em serviços que atendam a desejos específicos de clientes, tal como opções de entrega e translados, entre outros.

Em relação aos serviços turísticos podemos citar os pacotes que compreendem em atrativos, facilidades, vias de acesso, transportes e serviços oferecidos aos turistas. O turismo pode constituir tipos de serviços com características típicas e peculiares, tais como sazonalidade, flutuação de demanda, de oferta e de mão-de-obra, bem como interdependência dos serviços, altos custos e despesas de operações.

Pode-se dizer que um dos componentes mais importantes do produto turístico são os atrativos turísticos, uma vez que determinam a seleção, por parte do turista, do destino de sua viagem e geram uma corrente migratória até sua localização. Os atrativos são determinados pelas condições naturais ou pelos fatores de vida e atividades humanas existentes no lugar ou em seus arredores, constituindo o principal motivo para que o turista o visite. Estes atrativos podem ser classificados em: naturais, oferecidos pela própria natureza, os induzidos pela vontade humana, e os culturais, visando satisfazer as necessidades culturais de cada indivíduo.

Toda pessoa, seja turista ou não, necessita de acomodações e proteção. A acomodação deve propiciar ao hóspede várias satisfações, como uma extensão do lar, a sensação de status e de prazer. O hotel, por conseguinte, visará a atender às necessidades de grupos definidos de consumidores. Alguns deles, por sua própria natureza e localização, têm-se destacado como espaços para a realização de eventos

tactics and strategies, that have to be managed by the company in order to optimize company resources (financial, economic, human, etc.), its objectives (in terms of its mission) and, finally, but most importantly, the satisfaction of the client.

2.4.1 - Mix of the Tourism Product

In tourism, the basic product is composed of the natural resources inherent to the place itself. Each of them, with their own particular characteristics, offer attractions, as, for example, fauna, flora, beaches, mountains. The materialization of the basic product forms the true product that constitutes the physical aspects of the location, denominated in tourism as its own natural attractions or transformations, i.e. those which have undergone human intervention in their physical constitution. The true product is comprised of all the attractions developed specifically to accommodate the needs of the tourist. The expanded product could result in services that satisfy specific desires of clients, such as delivery service or airport-hotel shuttle service. In terms of tourist services, we can mention packages, which comprise attractions, facilities, access roads, transportation and services offered to tourists. Tourism can comprise types of services with typical and untypical characteristics, such as seasonality, oscillation in demand, supply and labor, as well as interdependence between services, high costs and operating expenses.

One can say that one of the most important components of the tourism product are the tourist attractions, as it is these that determine the selection, by the tourist, of the travel destination and generate a migratory flow towards finding a particular place. The attractions are determined by the natural conditions, or by the life and human activities in or around that location that constitute the main reason for the tourist to go there. These attractions can be classified as: natural, offered by

específicos familiares, sociais, políticos, ou, até mesmo, profissionais.

Outro importante elemento da oferta turística é o conjunto de serviços públicos que são necessários ao ato do consumo turístico. De nada adianta uma localidade possuir bons atrativos e bons serviços, se não coloca à disposição do turista serviços básicos como transportes públicos. Elementos como serviços de transportes, médicos e bancários, por exemplo, constituem componentes fundamentais ao turismo.

Um dos principais efeitos da saturação é visível nos setores de transportes e infra-estrutura geral, como oferta de água, esgotos, telefones, táxis, policiamento e até mesmo de terminais aéreos. O

Nature itself; man-made; or cultural, aiming to satisfy the cultural necessities of each individual.

Every person, tourist or not, needs accommodation and shelter. Accommodation has to provide the guest with various satisfactions, such as feeling at home, a sense of importance and leisure. Consequently, the hotel will aim to fulfill the needs of specific groups of consumers. Some, due to their specific qualities and location, have differentiated themselves as places in which to host family, social, political or business events. Another important element in the supply side of tourism is the combination of public services that are necessary to the act of tourism consumption. There is no point in a place having great attractions and good services, if basic services such as public transport, for example, are not made available to the tourist; elements such as transportation, healthcare and banking, for instance, constitute basic components for tourism.

One of the main effects of saturation can be seen in the transportation sector and general infrastructure, such as water supply, sanitation, telephones, taxis, policing and even airport terminals. Traffic jams are often the first saturation point to be reached.
The problem is exacerbated when tourists use the available facilities more than the local inhabitants. They travel more, eat more, buy more, produce more waste, and, also, take more baths. These problems are common, especially in older towns in which tourism is developed, as the prior planning frequently.

congestionamento de trânsito é freqüentemente o primeiro ponto de saturação a ser atingido.

O problema é agravado quando os turistas usam as facilidades disponíveis com maior freqüência que os residentes locais. Eles viajam mais, comem mais, compram mais, produzem mais desperdícios e, também, tomam mais banho. Esses problemas são comuns, principalmente nas cidades mais velhas em que são desenvolvidas atividades turísticas, pois o planejamento antecipado freqüentemente dificulta
sua ocorrência em destinações turísticas mais modernas.

Tradicionalmente, as previsões dos limites de saturação são baseadas na demanda da população residente e no aumento dessa, ocasionado pela presença dos turistas, sendo comum o desprezo pelas necessidades

dos visitantes. O levantamento das indispensáveis necessidades recreativas e de lazer de uma cidade freqüentemente contribui para que esses efeitos negativos sejam atenuados.

Da mesma maneira que todas as formas de vida, todos os produtos e serviços possuem ciclos vitais, mensurados por meio de cinco fases distintas: desenvolvimento, introdução, crescimento, maturidade, novo crescimento e declínio. As categorias de produtos e serviços possuem ciclos distintos, o que nos leva à hipótese de que um produto ou serviço pode estar na última fase do seu ciclo em um determinado país e na segunda em outro. Cada etapa é determinada por variações nas vendas, seguidas por estratégias de acordo com as mudanças do ambiente onde a empresa está inserida.

2.4.2 - Canal de Distribuição

O canal de distribuição pode ser definido como elo de ligação entre a empresa e seu respectivo mercado. A conceituação clássica é a de que esse canal seja composto por atacadistas e varejistas, conforme

Traditionally, forecasts of saturation limits are based on the demand on the resident population and on the increase of this caused by the presence of tourists, the needs of the visitors often being ignored. Research into the most essential recreational and leisure needs of a town often helps to reduce these negative effects.

As do all forms of life, all products and services have life cycles that have five distinct phases: development, introduction, growth, maturity, new growth and decline. Categories of products and services have distinct cycles, which leads us to the hypothesis that a product or a service can be in the last phase of its cycle in one country and in the second phase in another. Each phase is determined by variations in sales, followed by strategies according to the changes in the environment in which the company is located.

2.4.2 - Distribution Channel

The distribution channel can be defined as the link between the company and its respective market. The classical concept is that this channel be comprised of wholesalers and retailers, according to the characteristics of the company, the products and services being supplied, as well as its target segments.

In tourism, decisions as to distribution channels are somewhat complex, given their particular characteristics: if the actionsare to be employed

Ciclovia da Barra da Tijuca
Bike Path at Barra´s Beach

a característica da empresa, produtos e serviços ofertados, bem como seus segmentos-alvo.

No caso do turismo, as decisões quanto aos canais de distribuição são um tanto complexas, dadas as características particulares que se apresentam, caso as ações se empreendam em nível nacional, logo, trata-se de um macromarketing, no qual intervêm organismos oficiais e empresas privadas na comercialização da oferta turística do país. Por isso, é necessário considerar primeiramente que, neste contexto, o país ou destino turístico, de acordo com cada caso, constitui uma entidade produtora, cuja organização de vendas está configurada pelos setores de vendas individuais dos prestadores de serviços turísticos, nacionais ou locais, mais as dos intermediários, que participam no processo de comercialização de sua oferta em um determinado mercado.

O canal de distribuição pode ser composto pelos níveis zero, um e dois; o de nível zero é aquele em que o fornecedor comercializa seus produtos e serviços diretamente ao consumidor final, como uma companhia aérea vende passagens diretamente ao cliente ou um hotel que negocia a estada diretamente com seu futuro hóspede; o de nível um exige a presença de um intermediário, como uma agência que oferece um pacote incluindo passagem e local de permanência ao turista; o de nível dois exige a presença de dois intermediários no processo de comercialização, como uma companhia aérea que repassa as passagens por meio de uma operadora e, posteriormente, a uma agência que, por sua vez, vende ao consumidor final.

A prestação de serviços turísticos não consiste em nenhum envio físico ao cliente, pelo contrário, é ele quem deve-se deslocar para

nationally, it becomes macro-marketing in which government organization and private companies intervene in the sale services, of the tourism of a country. As such, it is necessary to first consider that, in this context, the tourist destination or country, according to each case, constitutes a producing entity, whose sales organization is made up of the sectors of individual sales of the providers of tourist both national and local, plus those of the intermediaries that take part in the sales process of their supply in a specific market.

The distribution channel can be comprised of levels zero, one and two: level zero is that in which the supplier sells his products and services directly to the final consumer, such as an airline selling flight tickets directly to the client, or a hotel negotiating directly with a future guest; level one requires an intermediary, such as a travel agent that offers a tourism package including transportation and a place for the tourist to stay; level two requires the presence of two intermediaries in the sales process, such as an airline that passes its tickets to an operator, who then passes them onto to a travel agency, who, in turn sells the tickets to the final consumer.

Providing tourism services does not involve physically going to the client, on the contrary, it is the client that has to move to effect consumption in a specific place and at a specific company. For the

efetuar o consumo de um determinado lugar e em uma certa empresa.

Para o turista, portanto, quando se encontra no lugar de origem, o produto turístico é abstrato, uma vez que não pode vê-lo antecipadamente, antes de efetuar sua compra.

Para entender melhor o canal de distribuição no setor turístico, é necessária a compreensão das organizações que o compõem. Os atrativos naturais e transformados podem ser definidos como as destinações que o cliente usufruirá, havendo os intermediários, que propiciarão a negociação e as facilidades, como transporte e estada.

Os canais de distribuição e venda de produtos turísticos exercem papel extremamente importante nas estratégias de marketing; o turismo caracteriza-se por importante oferta constituída por uma multiplicidade de produtos e por relevante demanda distribuída em um vasto território geográfico. O produto turístico pode, dessa forma, ser comercializado por

Escadaria de Santa Tereza, ligada ao convento
Selarón Staircases to Santa Teresa Convent

tourist however, when he is at his place of origin, the tourism product is abstract, as he cannot see it beforehand, before effecting the purchase.

In order to better understand the distribution channel in the tourism sector, it is necessary to understand the organizations of which it is comprised. The natural and man-made attractions can be defined as the destinations that the client will enjoy, having intermediaries to negotiate the sale and provide the facilities, such as transportation and accommodation.

The distribution and sales channels of tourism products have an extremely important role in marketing strategies; tourism is characterized by an important supply comprised of a multitude of products and by relevant demand distributed over a vast geographical territory. The tourism product can, therefore, be sold through various distribution channels, the most common of which are direct distribution and that carried out by the intermediary of tourism operators and travel agents.

2.4.3 - Prices and Costs

Price is the amount charged for a product or service. Whether you hire a car, buy a plane ticket or rent a hotel room, they all involve a monetary value to be passed on to third parties. To set prices, travel agencies need to take into

vários canais de distribuição, sendo os dois mais comuns a distribuição direta e a feita por intermédio de produtores de viagens e agências de viagens.

2.4.3 - Preços e Custos

O preço é o valor que se cobra por um produto ou serviço. A locação de automóveis, uma passagem aérea, uma estada, enfim, todos têm um valor monetário a ser repassado a terceiros. Para fixá-lo, as agências devem considerar o restante do composto de marketing, como objetivos da empresa, custos, mercado, demanda e concorrência. Sem dúvida, é a elaboração dos preços a preocupação mais constante das agências de viagens.

O custo é um dos principais motivos da constituição de pacotes, dando a idéia ao consumidor final de que haverá combinação de valor e menor preço final. Os preços e as condições de pagamento foram considerados como segundo fator mais importante para atrair e manter a clientela, atrás apenas da qualidade de serviços.

Logo, o profissional de marketing deve elaborar seus projetos, produtos e serviços com uma política clara de preços ao consumidor final, levando em consideração vários fatores internos e externos, que incluem desde a flexibilidade para saber lidar com grupos de pessoas heterogêneas, até a abertura para o "feedback" final, recebendo quaisquer críticas e sugestões, como fontes de aprimoramento para desenvolvimento do seu negócio.Não há como avaliar e gerenciar um projeto ou empreendimento sem aprender a analisar e calcular os custos fixos e variáveis. Quando enfocamos a indústria de transformação, a avaliação parece ser mais

consideration the other factors comprised in marketing, such as the objectives of the company, costs, market, demand and competition. Without doubt, the setting of prices is the most constant concern of all travel agents.

Cost is one of the main reasons for the creation of package deals, giving the final consumer the impression that values have been negotiated to arrive at a lower all-in price. Prices and payment terms were considered to be the second most important factor in attracting and maintaining clients, with quality of services being the top-ranked factor.

The marketing professional should elaborate his or her projects, products and services based on a clear pricing policy for the final consumer, taking various internal and external factors into consideration, that range from flexibility to know how to deal with groups of heterogeneous people, to being open to feedback, receiving criticisms and suggestions as important sources of information on how to improve and develop his or her business.

It is not possible to evaluate and manage a project or enterprise without learning how to analyze and calculate fixed and variable costs. When we focus on the transformation industry, the evaluation appears to be more clear than that of services, as we work with values and standards that are somewhat intangible. The calculation needs to serve the interests of the enterprise as well as be acceptable to the final consumer, requiring considerable skill to find the point of equilibrium between satisfying company objectives and those of the market.

The question of cost management is fundamental to opening up

Vista da Zona Sul da Cidade
View of the South Side of the City

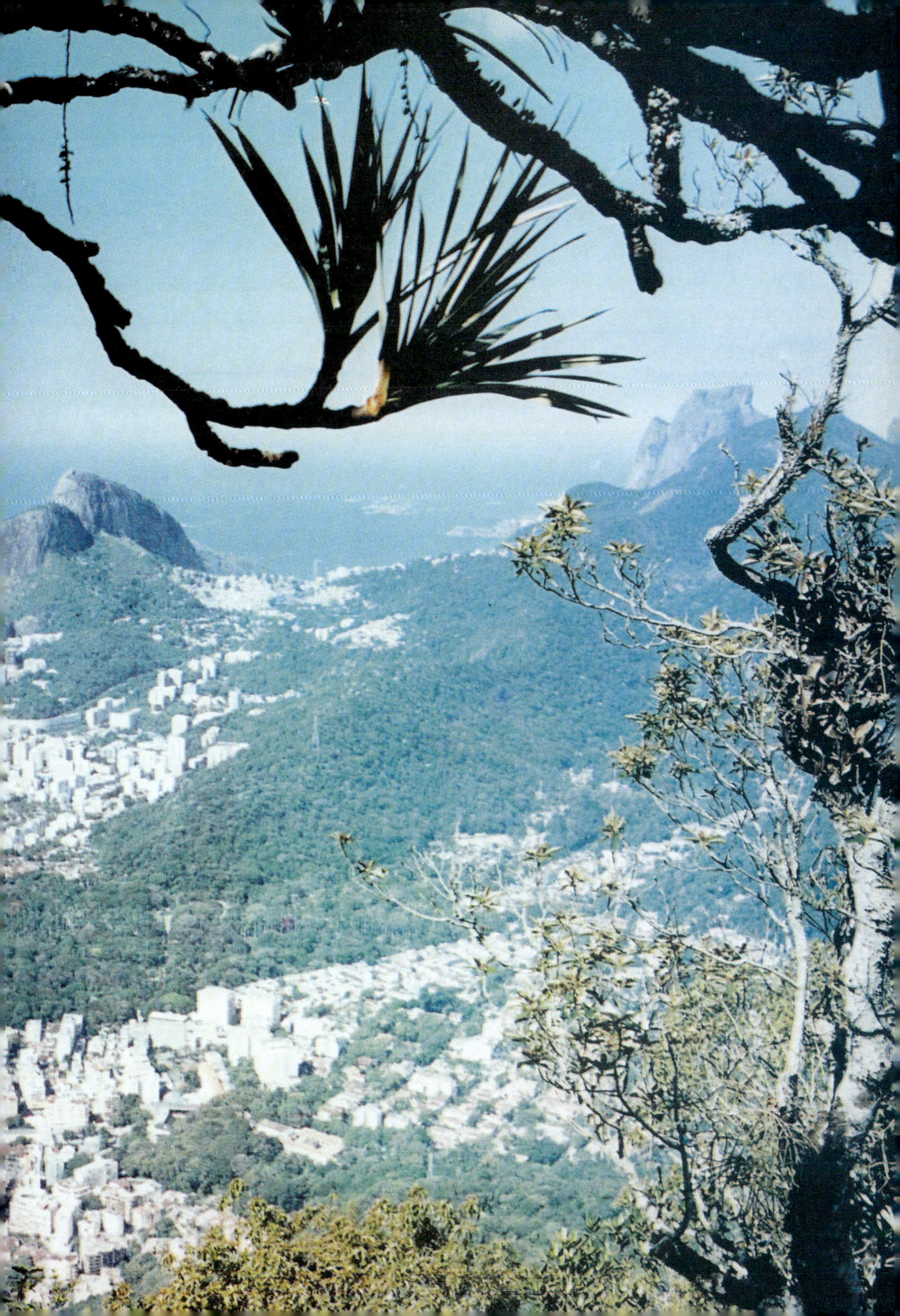

clara que a de serviços, pois trabalhamos com valores e padrões de certa forma intangíveis. O cálculo deve atender tanto ao interesse do empreendimento, como ao das conveniências do consumidor final, necessitando-se de competência para encontrar o ponto de equilíbrio entre satisfação da empresa e do respectivo mercado.

A questão do gerenciamento de custos é um ponto fundamental para se ampliarem os espaços para o turismo receptivo. Empresas com custos elevados podem ter a tendência de massificação, ou mesmo redução do tamanho da clientela em potencial, que acaba optando por viagens ao exterior, atraída, não só pela propaganda que sugere elevação de status mas, principalmente, pelos custos menores. As empresas com preços reduzidos tendem a ter uma maior flexibilidade em relação a seus respectivos mercados; a redução de custos, portanto, pode ser conseguida por meio de vários esforços, unindo tecnologia, otimização de processos e recursos humanos.

A indústria nacional, aliada à falta de infra-estrutura, filosofias e políticas em relação às instituições turísticas e hoteleiras, possui um desequilíbrio de preços que está se alterando lenta e gradualmente. A própria discrepância entre valores de transporte no mercado interno e internacional, relacionada principalmente às companhias aéreas e locadoras de veículos, por exemplo, sustenta tal afirmação.

opportunities for reception tourism. Companies with high costs may have a tendency to over- or even underestimate the number of their potential customers, who end up choosing overseas travel, attracted not just by advertising that suggests increased status but, above all by lower costs. Companies with lower prices tend to have greater flexibility with regard to their respective markets; as such, cost reduction can be realized by various means, bringing together technology, optimization of prices and human resources.

    The reception-tourism industry in Brazil, as well as lacking in infrastructure, philosophy and policies regarding tourist and hotel institutions, also lacks price equilibrium, which is changing slowly and

A fixação do preço de venda do produto é uma tarefa difícil no marketing em geral e, no turismo, adquire uma relevância ainda maior, uma vez que o preço pode-se converter, em determinado momento, no principal fator de decisão por parte do turista sobre os lugares nos quais irá passar suas férias ou mesmo outros tipos de turismo.

Podemos concluir, por conseguinte, que a política de preços adotada pelas indústrias turísticas e hoteleira deve ser compatível com os objetivos empresariais do empreendimento, de acordo com as características de cada segmento-alvo. Assim, a empresa só conseguirá sucesso nos respectivos mercados satisfazendo-o com o melhor produto e nível adequado de preços. O preço está estreitamente ligado ao grau de satisfação de seus consumidores. Portanto, a perspectiva de sucesso de uma determinada organização só será atingida com a satisfação dos clientes da empresa.

2.4.4 - Promoção

A agência pode utilizar vários instrumentos de promoção: propaganda, publicidade, descontos em vendas, relação pública e venda pessoal.

Como a agência vende serviços que implicam alto grau de desenvolvimento emocional, deve dar especial atenção ao relacionamento direto

Sítio Burle Marx
Burle Marx Estate

gradually. The discrepancy in prices of transportation in the Brazilian market and the international market, mainly relating to airline and car hire companies, for example, support this statement.

Setting the sales price of a product is a difficult task in marketing in general and, in tourism, it acquires even greater relevance as, at some point, the price may become the most decisive factor in the tourist's choice of destination to spend his vacation or even other types of tourism.

Consequently, we can conclude that the pricing policy adopted by the tourism and hotel industries should be compatible with the business objectives of the enterprise, in accordance with the characteristics of each target segment. As such, the company can only be successful in its respective markets if it provides the best product at an appropriate price level. Price is closely linked to the degree of satisfaction of the company's customers. Therefore, the prospect of success of any organization will only be reached by satisfying the company's clients.

2.4.4 - Promotion

The agency has various promotional tools available: advertising, publicity, sales discounts, public relations and face-to-face sales (?). As the travel agency sells services that imply a high degree of

Comércio Ambulante
Street Vender

com o cliente, como a comunicação informal ou "boca a boca", além de outras formas de promoção, que devem ser planejadas, estar coerente com outros elementos do "mix" e de acordo com a capacidade e os recursos da empresa.

A propaganda é definida como todo incentivo não-gratuito com o objetivo de divulgar produtos, serviços e idéias. Funciona como um grande iniciador de vendas, verdadeira agência divulgando seus pacotes; a publicidade também é um incentivo e tem como objetivo tornar público produtos, serviços, pessoas e empresas, sem necessariamente vendê-los diretamente; as relações públicas visam manter boas relações com determinados públicos de interesse, ou seja, todos aqueles com os quais a empresa se relaciona, como governo e público interno; por fim, a venda pessoal é a utilização da chamada "força de vendas", constituída por profissionais e promoções incentivando o setor, constituindo todas elas um conjunto de ferramentas que objetivam incentivar as vendas em um curto prazo.

As ferramentas de promoção são usadas de acordo com as fases do ciclo de vida, características dos produtos, serviços e mercado-alvo. Para sua utilização são necessários os veículos de comunicação: mídia eletrônica, impressa e interativa.

A mídia impressa é a mais usual e apresenta-se como um tradicional meio de comunicação; são os jornais, revistas... A mídia eletrônica, por sua vez, caracteriza-se como todo meio de comunicação mais sofisticado, possuindo movimento, som, luzes,

emotional involvement, it should give special attention to the direct relationship it has with the client, such as informal or "mouth to mouth communication as well as other forms of promotion, which should be planned, be coherent with other elements of the marketing mix and in accordance with the capacity and the resources of
the company.

Advertising is defined as all non-gratuitous incentives that aim to divulge products, services and ideas. It functions as a great sales initiator, a true agency advertising its packages; (Funciona como um grande iniciador de vendas, verdadeira agência divulgando seus pacotes) advertising is also a motivator, the objective of which is to create public awareness of products, services, individuals and companies, without necessarily selling them directly; public relations aim to maintain good relationships with specific populations of interest, that is, all those with whom the company has a relationship, such as government authorities and the local population; finally, face-to-face sales is the utilization of the so-called sales force, comprised of professionals and promotional material to stimulate the sector. All of the above constitute a set of tools that aim to stimulate sales in the short term.

The promotional tools are used according to the phases of the life cycles that characterize the products, services and target markets. In order to utilize them, means of communication are necessary: electronic, printed and interactive media forms. The printed media is the most common and traditional form of communication: newspapers, magazines, etc.; electronic media is the most sophisticated means of communication, comprising movement, sound, colour, etc., such as

e similares, como televisão, rádio e cinema. A mídia interativa, mais recente, requer a integração e interatividade do consumidor com o veículo de comunicação, podendo estar inserida em programas de televisão e até na internet.

Atualmente, outros tipos de mídia estão sendo criados a fim de melhor focar respectivos mercados, como a mídia alternativa, constituída pelo desenvolvimento criativo de (os) outros meios de comunicação, como novos brindes, hologramas (e) caixas de pizza etc. e a mídia extensiva, mais recente, que se caracteriza como todo meio desenvolvido no ambiente externo da empresa, como o próprio outdoor e impressos em grandes formatos na área externa aos prédios.

A mídia é necessária para o bom desenvolvimento de negócios em turismo e hotelaria, porque apresenta a empresa, seus produtos e serviços, auxilia na criação de imagem institucional e na área de vendas, servindo como indicativo de negócio.

O grau de influencia de diversas mídias na escolha das agências de viagens revela que a comunicação informal é bastante forte, bem como a recomendação de amigos e parentes, conselhos de especialistas. Já os jornais, as revistas e a publicidade aparecem em segundo plano, enquanto a TV e o rádio registram menor porcentagem de influência, pelos fatores já expostos. Os resultados sugerem que as atividades de promoção devem ser específicas, identificando-se, de fato, grande influência da comunicação boca a boca que, desse modo, deve ser constantemente monitorada.

television, radio and cinema. Interactive media, more recent, requires the integration and the interaction of the consumer with the medium of communication, and can be inserted in television programs and even on the internet.

Currently, other media forms are being created in order to focus more closely on specific markets, such as alternative media, entailing the creative development of (the) other forms of communication, such as new free gifts, holograms (and) pizza boxes, etc., and the extensive media, more recently, comprises all media developed for the external environment of the company, such as outdoor billboards and prints in giant format on the outside of the buildings.

Media is necessary to the development of tourism and hotel businesses as it presents the company and its products and services, helps create the company image and, in the sales area, serves as an indicator of business.

Research into the degree of influence of various medias in the choice of travel agencies reveals that informal communication is very strong, as is recommendation by friends and relatives, and advice from experts. Newspapers, magazines and publicity appear in second place, while TV and radio advertising record a lower percentage of influence, for the reasons outlined above. The results suggest that promotional activities should be specific and, as mouth-to-mouth communication is such a greatly influential factor, it should be constantly monitored.

A Cidade do Rio do Janeiro

*"Sensualíssima como sempre a melhor cidade do mundo
espera você de braços abertos"*
Ricardo Freire e Rachel Verano

3.1 - A História do Rio de Janeiro

Em 1º de janeiro de 1502 chegava a primeira expedição naval, proveniente de Portugal, para explorar a costa do Brasil. Nessa data, entra na Baía de Guanabara e , pensando tratar - se da foz de um grande rio, dá- lhe o nome de Rio de Janeiro, o mês em que chegou.

Outras expedições aportaram na Guanabara. Numa das primeiras foi edificada uma casa próxima à atual Praia do Flamengo, ao lado de

The City of Rio de Janeiro

*"As sensual as ever, the best city in the world
awaits you with open arms"*
Ricardo Freire and Rachel Verano

3.1 - The History of Rio de Janeiro

On the 1st of January 1502, the first naval expedition, originating from Portugal, arrived to explore the coast of Brazil. On that day, it entered the Bay of Guanabara and, thinking it was the mouth of large river, named it Rio de Janeiro: "Rio" being River in Portuguese and "Janeiro" January, the month in which it arrived.

Other expeditions docked in Guanabara Bay. During one of the first of these, a house was built near the beach now known as Praia do Flamengo, next to a stream that flowed into it from the Laranjeiras hills. The Tamoio Indians called this house "Carioca", or the house of the white man, a name which was given to the stream and which spread to encompass other parts of the city and, finally, to become the name given to inhabitants of the city of Rio de Janeiro.

A few years later, the French, who already frequented the Brazilian coast, settled with their ships in the Bay of Guanabara, slowly gaining the confidence of the Indians, exchanging spices for wood (Pau Brazil, a hardwood tree indigenous to Brazil; literally, Brazil Wood) and wildlife, such as macaws, parrots and monkeys. Under the command of Nicolau Durand Villegaigon, the French started to take possession of Carioca lands, choosing some islands in the Bay of Guanabara, where they founded the Antarctic France.

Pôr-do-sol da Praia
Sun set at the Beach

um riacho de água doce que, vindo da Serra das Laranjeiras, ali desaguava. Os índios tamoios chamaram-na de Carioca, ou seja, casa de branco, nome que se estendeu ao riacho, de onde se alastrou por outros lugares da cidade e, finalmente ao habitante da cidade do Rio de Janeiro.

Passados alguns anos, os franceses, que já freqüentavam a costa brasileira, instalaram - se com suas embarcações na Baía da Guanabara, adquirindo, pouco a pouco a confiança dos índios, com eles comercializando especiarias em troca de pau-brasil e de animais como papagaio, araras e sagüis. Sob o comando de Nicolau Durand Villegaignon, deram início ao estabelecimento de uma possessão de terras cariocas, escolhendo algumas ilhas da Baía de Guanabara, onde fundaram a França Antártica.

Em 1550, Pedro de Gois, que, a mando do governador geral, corre a costa brasileira, encontra na Baía de Guanabara navios franceses, fazendo estoque de pau-brasil, o que foi informado à Coroa Portuguesa. Não demorou a reação da metrópole lusitana, armando - se, no ano de 1560, uma frota em Salvador, na Bahia, sob o comando de Mem de Sá. A fundação da Cidade de São Sebastião do Rio de Janeiro estava quase assegurada.

Vencidos os franceses, Mem de Sá, cometendo um erro de avaliação na recuperação do inimigo, não cuidou de ocupá-la, permitindo, pouco depois, o retorno dos mesmos, que se estabeleceram

In 1550, Pedro de Gois, who, on the orders of the governor general, monitored the Brazilian coastline, discovered French ships in the Bay of Guanabara stockpiling Pau Brazil, and reported his finding to the Portuguese Crown. The Lusitanian metropolis did not take long to react, and in 1560 armed a fleet in Salvador, Bahia, under the command of Mem de Sá. The foundation of the City of Saint Sebastian of Rio de Janeiro was almost accomplished.

Having defeated the French, Mem de Sá underestimated the ability of the enemy to recover and did not occupy the territory, leaving the way open for the French to return and settle with stronger fortifications: one on Uruçumirim hill, today called Outeiro da Glória, and another in the Bay on Paranapuã Island or Maracujá (transl. passion fruit) Island, now known as Ilha do Governador (transl. Governor's Island).

A new reaction, as a result of the foundation of the city, in 1565, occurred with the settlement of the Portuguese forces under the command of Captain Estácio de Sá on a beach between Morro Carra

com novas fortificação: uma no outeiro da Uruçumirim, hoje Outeiro da Glória, e outra, dentro da Baía na Ilha Paranapuã ou de Maracujá, atual Ilha do Governador.

Nova reação, fator resultante da fundação da cidade, em 1565, ocorreu com o estabelecimento das forças portuguesas sob comando do Capitão Estácio de Sá, numa praia, entre o Morro Cara de Cão, atual São João, e o Pão de Açúcar. A escolha do local tinha a função estratégica de observar a base dos franceses e dominar a entrada da baía. A este embrião da cidade Estácio de Sá chamou de Cidade de São Sebastião do Rio de Janeiro, em homenagem ao jovem rei de Portugal, D. Sebastião.

A cidade estava fundada, mas os franceses não haviam sido expulsos da baía. Dois anos depois da fundação, e com reforços chegados de Lisboa, formou-se um conselho de guerra que deliberou investir contra os franceses. Foi escolhida a data do padroeiro São Sebastião, 20 de janeiro de 1567.

Forças por terra combateram em Uruçumirim, de onde saiu mortalmente ferido o Capitão Estácio de Sá, e forças por mar, com a esquadra comandada pelo Governador Mem de Sá que, auxiliado pelo índio Araribóia, expulsou definitivamente os franceses, na batalha da Ilha Paranapuã. A cidade, livre dos franceses, e dominados os índios tamoios, foi transferida para o Morro de São Januário uma elevação em terra, defronte à ilha onde Villegaignon fundara a França Antártica. Mais tarde, passou a chamar-se Morro do Castelo, por causa do forte ali erguido.

Local distante da entrada da baía, portanto mais protegido de

de Cão (Dog Face Hill), now São João, and the Sugarloaf. The choice of this location had a strategic function: to be able to observe the French base and control entry into the bay. Estácio de Sá named this embryonic town the City of Saint Sebastian of Rio de Janeiro, in honor of the young king of Portugal, King Sebastian.

The city was founded, but the French had still not been driven out of the bay. Two years after the foundation, and with reinforcements from Lisbon, a war council was set up that decided to advance against the French. The date of the town's patron saint, Saint Sebastian, was chosen: 20th January 1567.

Ground troops fought in Uruçumirim, where Captain Estácio de Sá was mortally wounded, and the navy, with the squadron commanded by Governor Mem de Sá, who, with the help of Araribóia, a native Indian, drove out the French for good in the Battle of Paranapuã Island. The town, free of the French and with the Tamoio Indians under control, was transferred to Morro de São Januário, a hill facing the tradition of old medieval towns.

Interior de uma casa na Favela da Rocinha, a maior da America Latina
Interior of a house in Rocinha´s Favela, the Bigest in Latin America

adriana JORDAN

Comércio Ambulante
Street Vender

possíveis ataques piratas, três ladeiras de acesso, duas ou três ruas estreitas e tortuosas, uma fortaleza, uma igreja, obviamente dedicada a São Sebastião, um Colégio Jesuíta, além de poucos prédios públicos, definiam o núcleo urbano, no alto da colina. Tempos depois instalaram-se outras ordens religiosas, que ajudariam a definir um perímetro para a cidade. Cercada por quatro colinas, onde, pouco a pouco, respondendo à expansão do núcleo urbano, rasgaram-se estreitas ruas transversais e perpendiculares, com a aparência de velho traçado urbano, regular, em xadrez, das antigas cidades medievais.

Do final do século XVI ao início do século XVII, os alagadiços, charcos e pântanos, que dominavam a várzea, foram aos poucos sendo drenados e aterrados.

Os habitantes da cidade, com incentivo das autoridades, expandiam-se pela várzea, construindo suas casas, a forma que lhes conviesse e livres de impostos. A ligação entre o morro do Castelo ao de São Bento era feito por um longo caminho, denominado depois Rua Direita, que representou a mais importante rua do Rio Colonial. Percorrendo esse antigo caminho, surgiria um descampado, onde se erguia a antiga Capela de Nossa Senhora do Ó, que serviu de abrigo

island where Villegaigon had founded Antarctic France. Later, its name changed to Castle Hill, in reference to the fort that had been built there. Well-back from the entrance to the bay, and therefore better protected against possible pirate attacks, three hills of access, two or three narrow and winding roads, a fort, a church, dedicated of course to Saint Sebastian, a Jesuit school, and a few public buildings comprised the urban center on the top of the hill. Later on, other religious orders established themselves in the area, helping to define the perimeter of the town. Surrounded by four hills, where, little by little, in response to the expansion of the urban center, narrow roads were formed, crisscrossing in the age-old urban

From the end of the 16th Century until the beginning of the 17th Century, the marshlands, swamps and fenlands that dominated the plain, were gradually drained and reclaimed. The inhabitants of the town, encouraged by the authorities, began to spread out across the plain building their houses to their own specifications and free of taxes. The connection between Castle Hill and São Bento Hill was a long trail, later called Rua Direita (transl. Right Road), which was the most important road in Colonial Rio. Along this trail was an area of open countryside,

aos frades carmelitas, que iniciariam, pouco depois, a construção de sua casa conventual. Seria então a primeira praça da Várzea: o Largo do Paço e hoje a Praça Quinze de Novembro.

O século XVIII, com um início muito conturbado, caracteriza-se como um período de lutas e invasões, no entanto o desenvolvimento, o crescimento e o enriquecimento da cidade atraem a atenção de Portugal. O progresso se dá de forma bastante lenta, porém surgem importantes realizações no campo da infra-estrutura, tais como melhoramento dos meios de intercomunicação, calçamento de várias ruas centrais, melhora das fortificações e conclusão os trabalhos da canalização do Rio Carioca.

Em 1822, o Brasil torna-se independente de Portugal e passa, então, de sede de Reino Unido à capital do Império, tendo D. Pedro I como primeiro imperador. Foi a partir do século XIX que o desenvolvimento se acelerou. Investiu-se no transporte implantaram melhoramentos tais como a iluminação a gás, o encanamento do Rio Maracanã, o serviço de telégrafo, a criação do Corpo de Bombeiros, entre outras. Do ponto de vista urbano, sem dúvida, foram as décadas mais marcantes para a história da cidade.

O Rio de Janeiro foi capital da Republica de 1889 a 1960, quando ocorreram ambiciosos projetos de renovação urbana entre os mais importantes a abertura da Avenida Central, atual Av. Rio Branco, a Av. Atlântica e o Teatro Municipal que, assim como a escola de Belas Artes e a Biblioteca Nacional, instalaram-se na Avenida Central.

where the old Our Lady of Ó Chapel was built that served to accommodate the Carmelite monks, who soon thereafter started on the construction of their secluded living quarters. This was to become the first square on the Plain: Largo do Paço (transl. Court or Palace Square) and today named Praça Quinze de Novembro (transl. November 15th Square).

The 18th Century, which got off to a very troubled start, was an era of battles and invasions, despite which, the development, growth and increasing wealth of the town came to the attention of Portugal. Progress was very slow in general, but certain important achievements were made in terms of infrastructure, such as better means of intercommunication, paving of various main roads, improvements in the fortifications and the conclusion of the works to canalize the Carioca River.

In 1822, Brazil became independent from Portugal and changed from being the headquarters of the United Kingdom of Portugal to the capital of the Portuguese Empire, with King Pedro I as its first emperor. Development really got underway in the 19th Century. Investments were made in transportation, improvements were implemented, such as gas lighting, the channeling of Maracanã River, the telegraph service, the creation of the Fire Brigade, to name but a few. In terms of urban development, these were the decades of most progress in the history of the city.

Rio de Janeiro was the capital of the Republic from 1889 to 1960, during which time several ambitious urban

Vista do Corcovado
The View from the Christ the Redeemer

adriana JORDAN

Parque das Ruínas
Ruin Park

3.2 - Aspectos Gerais

"Começou a circular o expresso 2222, que parte direto de Bonsucesso pra depois"
Gilberto Gil

A Cidade do Rio de Janeiro possui uma beleza natural exuberante, sendo singularmente integrada à natureza; entretanto, a realidade ambiental da cidade apresenta uma grave deterioração nos diversos setores ambientais, especialmente com relação à contaminação das águas continentais e oceânicas.

O Rio de Janeiro é a segunda maior economia urbana do Brasil, superando em tamanho maior parte das economias latino-americanas. A renda per capita da população da Região Metropolitana é alta (US$ 5,838), se comparada aos demais centros urbanos do país, sendo, contudo, extremamente mal distribuída.

Os segmentos jovem e adulto apresentam um crescimento inferior à média do crescimento da população carioca, enquanto o segmento de idosos mostra uma taxa cinco vezes superior à media da cidade, portanto, a cidade está envelhecendo.

Em relação à estrutura e à dinâmica urbana os principais problemas são ligados à habitação,

renovation projects were implemented, among which the most important were the inauguration of Avenida Central, now Avenida Rio Branco, Avenida Atlantica and the Municipal Theater that, together with the School of Fine Arts and the National Library, was constructed on Avenida Central.

3.2 - General Aspects

> *"The Express 2222 has left the station,*
> *from Bonsucesso direct to thereon after"*
> **Gilberto Gil**

The City of Rio de Janeiro possesses an exuberant natural beauty, being uniquely integrated with Nature; however, the environmental reality of the city shows serious deterioration in many environmental areas, especially with regard to water contamination, both inland and offshore. Rio de Janeiro is the second largest urban economy in Brazil, and larger than most Latin American economies. Per capita income of the population in the

Museu da República
Republic Museum

à criminalidade e ao relativo isolamento da Zona Oeste, provocando uma expansão desordenada e a excessiva rodoviarização do sistema de transportes públicos, transformando assim bairros inteiros em corredores de tráfego.

Os serviços urbanos são em geral adequados, salvo os relacionados à coleta e ao tratamento de águas residuais, visto que apenas 81% da população são servidos.

A cidade conta com vias de transporte, capazes de integrá-la satisfatoriamente tanto ao restante do território nacional, como ao exterior. Nesse sentido, seu grau de acessibilidade é elevado, embora existam graves problemas de manutenção e de informação. A mobilidade interna, bem como a matriz de transportes do Rio de Janeiro é inadequada, havendo um desequilíbrio entre os modais, com predominância de transportes por ônibus e automóveis, em detrimento dos feitos sobre trilhos, bem como o hidroviário, que, por sua vez, é quase marginal.

3.2.1 - Principais Características

"O Rio de Janeiro continua lindo. O Rio de Janeiro continua sendo. O Rio de Janeiro fevereiro e março.."
Gilberto Gil

Privilegiada pela geografia generosa, numa harmônica conjunção entre o mar e as montanhas, a cidade oferece uma espetacular variedade de serviços e entretenimento em áreas que vão da noite à pescaria, passando por restaurantes, shows, hotéis e cafés.

metropolitan region is high (US$ 5,838) in comparison with other urban centers in the country, though unevenly distributed.

The young and adult age-groups show slower growth than the average growth of the Carioca population, while the more elderly age-group shows a growth five times greater than that of the average for the city. As such, the population of Rio de Janeiro is aging quite rapidly. With regard to the infrastructure and urban dynamics, the greatest problems are in relation to housing, criminality and to the relative isolation of the West of the city, causing disorderly expansion and excessive dependence on road transport by the public transport system, and transforming whole neighborhoods into traffic corridors. In general, urban amenities are satisfactory, with the exception of those relating to the collection and treatment of sewerage and waste water, with public sanitation facilities only serving 81% of the population.

The city is sufficiently equipped with the major modes of transportation to link it satisfactorily to the rest of the country, as well as to the rest of the world. In this sense, it has a high degree of accessibility, though there are serious problems relating to maintenance and information. The internal mobility, as well as the transport network in Rio de Janeiro, are unsatisfactory, there being an imbalance among the modes of transport, with a predominance of bus and car transport, in detriment to tram, train and subway transportation, as well as water transport, which, by turn, is almost non-existent.

Pode-se embarcar numa volta ao mundo gastronômica inigualável, de bistrôs franceses a churrascarias cinco estrelas. O número de restaurantes, bares e choperias é superior a 1000. Não é à toa que o Rio de Janeiro recebe 30% dos visitantes estrangeiros que chegam ao Brasil, sendo a cidade mais visitada do país, à frente de São Paulo e Salvador.

Além da faixa de areia mais tradicional, há algumas décadas o carioca ampliou seus domínios além das praias da Zona Sul e conquistou as do Pepino, Barra da Tijuca, Recreio dos Bandeirantes, Macumba, Prainha e Grumari. A primeira do bairro de São Conrado é famosa pelas asas-delta que a sobrevoam. Macumba e Prainha atraem surfistas. Grumari é democrática e recebe gente de toda a cidade. Separadas apenas na geografia oficial, Barra e Recreio têm a mesma faixa de areia, com 14 quilômetros de extensão.

A Barra da Tijuca é um capitulo à parte. Cerca de 20 quilômetros a separam de Copacabana. Apelidada de Miami Brasileira, a Barra parece outro mundo, um pedaço exagerado do Rio. Ali ficam os maiores shoppings, hipermercados e condomínios da cidade. São 12,1 quilômetros de praia. A badalação ferve na faixa de areia conhecida como Pepê, reduto de gente bonita e famosa.

Para quem gosta de emoções fortes, existem locais para praticar parapente e vôo livre, o mais procurado é a rampa da Pedra Bonita, com pára-quedismo e escaladas; a Pedra da Gávea é a Meca dos alpinistas cariocas. Os menos afoitos podem caminhar pelas trilhas da Floresta da Tijuca. São mais de 3,2 hectares de Mata Atlântica, na maior floresta urbana do mundo, que pode ser percorrida de carro ou a pé. Pedalar pelos 74 km

3.2.1 - Main Characteristics

> *"Rio de Janeiro continues to be beautiful. Rio de Janeiro continues to be. Rio de Janeiro, February, March.."*
> **Gilberto Gil**

Blessed with a generous geography, in a harmonic setting between the ocean and the mountains, the city offers a spectacular variety of services and entertainment, from night-life to fishing, including restaurants, shows, hotels and cafés. One can embark on an incomparable round-the-world gastronomic voyage, from French bistros to five star barbecue houses. There are more than 1,000 restaurants, bars and beer-houses in Rio de Janeiro. It's not for nothing that Rio de Janeiro receives 30% of all the foreign visitors to Brazil and is the prime destination of the country, ahead of Sao Paulo and Salvador.

In addition to the more famous strips of sand, for some decades Cariocas have been extending their territory beyond the beaches in the South of the city and conquered those of Pepino, Barra da Tijuca, Recreio dos Bandeirantes, Macumba, Prainha and Grumari. The first of these in the suburb of Sao Conrado, is famous for the paragliders that fly over it. Macumba and Prainha beaches attract surfers. Grumari beach is democratic and receives people from all parts of the city. Divided solely in terms of the official geographic zoning of the city, Barra and Recreio are parts of the same 14 Km stretch of beach. Barra da Tijuca deserves a chapter of its own. It is almost 20 Km away from Copacabana. Nicknamed Brazilian Miami, Barra seems to be a different world, an exaggerated part of Rio.

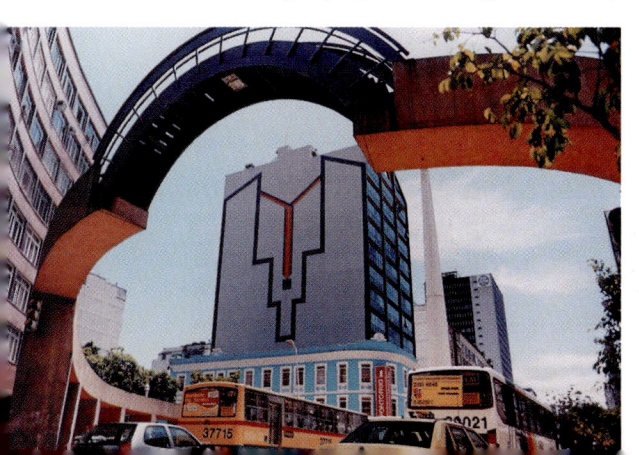

de ciclovia, passear pela Lagoa e experimentar a comida dos quiosques são outros divertidos e deliciosos passeio.

3.2.2 - Os Principais Pontos Turísticos

"Um dia afinal, tinha direito a uma alegria fugaz. Uma ofegante epidemia que se chamava Carnaval, o Carnaval"
Chico Buarque

Um dos principais motivos de o Rio de Janeiro ser conhecido em todo mundo são suas paisagens incomparáveis.

O Corcovado, localizado no topo de uma montanha, a 710

Voando de Asa Delta da Pedra Bonita
Hand Gliding in Pedra Bonita

It is here that the largest shopping centers, hypermarkets and condominiums are found. There are 12.1 km of beaches. A stretch of beach known as Pepe beach is a top hot spot, where the rich and famous gather. For the more adventurous, there are places to practice paragliding and the like, the most popular being the ramp of Pedra Bonita, with parachute jumping and rock-climbing; The Pedra da Gavea is the Mecca of Carioca mountain climbers. The less adventurous can take long walks along the trails of Tijuca Forest, which comprises over 3.2 hectares of Atlantic rainforest, the largest urban forest in the world, which can be toured by car or on foot. Pedaling along 74 km of cycle paths, strolling around the Lagoa and sampling the food at the many kiosks are other enjoyable pastimes.

3.2.2 - The Main Tourist Attractions

"Finally one day, i had the right to have a happy fleeting, One breathless epidemic that is called Carnival, the Carnival"
Chico Buarque

metros de altura, a estátua do Cristo Redentor, no Corcovado é, com certeza um dos monumentos mais admirados e visitados da cidade. Um passeio que se inicia no bairro do Cosme Velho, a bordo de um simpático trenzinho que, até chegar ao Cristo, percorre cenários de rara beleza e forte encantamento visual.

O Pão de Açúcar, com sua altura significativa e plástica incomum, divide com o Corcovado o título de ponto de atração de onde se têm as mais belas vistas do Rio. Conhecido cartão-postal da cidade, é alcançado via teleférico, primeiro até o Morro da Urca, onde os visitantes embarcam em um segundo bondinho, que os levará até o destino final.

A Praia de Copacabana que, com a belíssima calçada da Av. Atlântica em mosaico pretos e brancos, formando famosas ondas, é a principal responsável por tamanho fascínio. Freqüentada tanto de dia quanto à noite, a praia possui quiosques, ciclovias, bicicletários, postos de salvamento com chuveiro e sanitário, hotéis, bares e restaurantes, além de contar com dois Fortes Militares, um em cada extremidade, com vistas panorâmicas e abertos à visitação.

A Lagoa Rodrigo de Freitas, que, cercada de bairros e montanhas e abraçada pelo Cristo Redentor, impressiona pelo pôr-do-sol e o reflexo da luz do dia em suas águas plácidas e silenciosas. Sua orla abriga parques, rinque de patinação, heliporto, pista para caminhadas, ciclovia e um pequeno centro gastronômico distribuídos por quiosques. Isso sem falar dos passeios de pedalinho.

O Maracanã, inaugurado em junho de 1950, o maior estádio de futebol do mundo mantém todo o glamour, que o transformou em cartão postal e ponto obrigatório para quem visita nossa cidade. Palco de

One of the prime reasons for Rio de Janeiro's fame around the world is its incomparable scenery.

The Corcovado - set on the top of a mountain 710 meters high, the statue of Christ the Redeemer is without doubt one of the most admired and visited monuments of the city. An excursion that starts in the neighborhood of Cosme Velho, aboard a delightful little train that, before arriving at the statue, travels through landscape of rare beauty and enchantment.

The Sugarloaf, with its distinctive height and profile, shares first place with the Corcovado as the tourist point from which to view the best panoramas of Rio. This well-known tourist attraction is reached by cable car, first to the Morro da Urca, where visitors take another cable car to arrive at the top of the Sugarloaf. Copacabana Beach, with the striking sidewalk of Atlantic Avenue in black and white mosaics forming the famous wave motif, is chiefly responsible for Rio's celebrity. Visited as much by day as by night, the beach comprises kiosks, cycle paths, lifeguard posts with showers and toilet facilities, hotels, bars and restaurants, besides a military fort at each extremity that are open to the public and offer spectacular panoramic views.

Rodrigo de Freitas Lagoon, surrounded by residential neighborhoods nestled into the mountains and overlooked by the statue of Christ the Redeemer, impresses tourists with its wonderful sunsets and the reflection of the sunlight on its calm and silent waters. The margins of the lagoon comprise parks, a skating rink, a heliport, footpaths and cycle paths and kiosks, not to mention the traditional paddleboat rides.

Maracanã, inaugurated in June 1950, the largest soccer stadium in

momentos memoráveis, como o milésimo gol de Pelé, o estádio impressiona pela imponência, estilo e beleza. Um verdadeiro monumento ao esporte.

A cidade do Rio de Janeiro é realmente um local de muitos cartões-postais; além desses já citados, o Rio se completa por possuir cultura, lazer e natureza num só lugar. Em qual cidade do mundo temos tanta diversidade comoo Rio?

A Enseada de Botafogo, o tradicional Copacabana Palace, o Jockey Club Brasileiro, lugares onde impera a natureza, como o Jardim Botânico, a Floresta da Tijuca, além de seus 83 quilômetros de praias e muitos eventos espalhados pelos diversos museus e centros culturais como o Teatro Municipal, o Museu de Arte Moderna, o Centro Cultural Banco do Brasil, o Museu da República e as várias igrejas espalhadas pela cidade.

3.2.3 - Maiores Festas Temáticas do Mundo

"Eu nunca quis tê-la ao meu lado, num fim- de- semana, um chope gelado em Copacabana a Andar pela praia, até o Leblon"
Tom Jobim

Fotos: RioTur

Carnaval no Sambódromo
The Carnival in the Sambódromo

the world, maintains all the glamour that turned it into an essential stop for all visitors to our city. The stage of many memorable moments, such as Pelé's one thousandth goal, the stadium impresses all who visit it with its magnitude, style and beauty - a true monument to the sport.

Rio de Janeiro really is a city with a multitude of tourist attractions. In addition to those already mentioned, Rio is an exceptional destination, comprising culture, leisure and nature all in one place. Where else in the world is there a city that offers as much diversity as Rio? Botafogo Cove, the magnificent Copacabana Palace, the Brazilian Jockey Club, and places where Nature reigns supreme, such as the Botanical Gardens, Tijuca Forest, as well as its 83 km of beaches and myriad events held at the various museums and cultural centers, such as the Municipal Theater, the Modern Arts Museum, the Bank of Brazil Cultural Center, the Museum of the Republic and the countless churches spread throughout the city.

3.2.3 - The World's Greatest Theme Parties

"I never wanted to have her by my side, a cold beer in Copacabana, to walk along the shore up to Leblon"
Tom Jobim

O Rio é uma cidade onde o povo é o show de uma festa sem hora pra acabar, só mesmo um lugar assim poderia dar origem a duas das maiores festas temáticas do mundo. De um lado foliões dançando horas seguidas em uma manifestação pura de alegria e liberdade, de outro, luzes, fogos de artifício e confraternização para brindar com um espetáculo de fé, beleza e união a chegada de um novo ano. Reveillon e Carnaval são, cada um, a tradução perfeita do espírito que contagia todos os cariocas e os que visitam a Cidade do Rio.

Imagine um espetáculo de proporções gigantescas, onde o teatro recebe mais de 2 milhões de pessoas e o palco, de 4 km de extensão, tem como cenário nada mais do que a bela Praia de Copacabana. Nesse espetáculo, o povo do Rio é mais uma vez um dos principais personagens dessa festa sagrada, sem precedentes. As pessoas, vestidas de branco de todas as classes sociais, lado a lado, em manifestações que misturam magia e devoção, no maior show de fogos do mundo, com 30 minutos de duração, iluminando de várias cores a beleza da Praia de Copacabana.

A maior manifestação popular do mundo, registro único da mistura que forma a cultura brasileira, é o Carnaval; na passarela, um espetáculo de fantasias, cores e alegorias que passam embaladas por uma mistura rítmica contagiante, criada a partir de influência africana.

No coração, empolgação, deslumbramento, paixão. Participar de uma escola de samba é viver o próprio carnaval, sambar, cantar junto, incentivar. Cada escola exibe a beleza e criatividade de artesãos locais, mostrando toda sua força, através de brilho e movimento. É assim que as escolas fazem, e esse rito de alegria carnavalesca deslumbra o mundo todo ano.

Rio is a city in which the public is the cast of the show at a party which has no set time to end. Only a place like this could bring about two of the largest theme parties in the world - in one, revelers dancing for hours on end, in a pure expression of joy and abandon; in the other, light shows, fireworks and fun in a spectacle of faith, beauty and union to toast the arrival of the new year. Carnival and Reveillon are both perfect examples of the spirit which infects all Cariocas and those who visit Rio de Janeiro.

Imagine a spectacle of gigantic proportions, where the theater receives over 2 million people and where the stage, 4 km long, has as its backdrop nothing but the magnificent beach of Copacabana. In this spectacle, the people of Rio are once again the principal characters in this unparalleled sacred festival. The public, dressed in white and from all social classes, side by side, in manifestations that mix magic and devotion, in the greatest firework show in the world, lasting 30 minutes, colorfully illuminating the natural beauty of Copacabana Beach.

The largest public demonstration in the world, sole record of the mixture that makes up Brazilian culture, is Carnival; along the corridor, a parade of costumes, color and allegories that dance through, swinging to a contagious rhythmic mixture, heavily influenced by African culture. At its heart, fervor, fascination, passion . To take part in a samba school procession is to live Carnival to the full, dancing samba, singing and rousing the crowd. Each samba school exhibits the talent and creativity of local artists, demonstrating their vitality through radiance and rhythm. That is how the samba schools do it, and this rite of carnivalesque joy enchants the world every year.

adriana JORDAN

Plano Estratégico

O Plano Estratégico Turístico ligado ao turismo do Rio foi desenvolvido para a cidade do Rio de Janeiro com ampla participação de todos os setores, direta ou indiretamente envolvidos com a atividade turística, e com o apoio do Ministério da Indústria, do Comércio, do Turismo e da EMBRATUR.

Resultado de um esforço conjunto da administração pública e da iniciativa privada, o Plano Estratégico Turístico, a partir de um acurado diagnóstico da infra-estrutura turística da cidade e de projeções precisas de seu mercado potencial, define diretrizes e estratégias, analisa e seleciona projetos e estabelece prioridades, segundo rigorosos critérios de níveis de investimento e relações custo-benefício.

capítulo
1
2
3
4

Foto: RioTur

Strategic Plan

The Strategic plan relating to tourism in Rio de Janeiro was developed for the city of Rio de Janeiro with the participation of all the sectors directly or indirectly involved in the tourism industry, and with the support of the Ministries of Industry, Trade and Tourism and EMBRATUR.

The result of a joint effort by public and private organizations, the Strategic plan, on the basis of an accurate diagnosis of the city's infrastructure for tourism and precise forecasts of its potential market, defines guidelines and strategies, analyses and selects projects and sets priorities, according to strict criteria on investment levels and cost-benefit relationships.

4.1 - Organization and Stages of the Plan

The municipal authorities of the City of Rio de Janeiro, by intermediary of the Special Bureau for Tourism, and together with a variety of sectors of the community, initiated, in January 1997, the elaboration of the Tourism Plan for the city of Rio de Janeiro. The project, the result of a strategic plan for the city, emerged as a response to two realizations: the comprehension of the importance of tourism to the socioeconomic development of the city and the awareness of the lack of a suitable policy for the sector within a long-term plan.

Reveillon em Copacabana
Reveillon in Copacabana

4.1 - Organização e Fases do Plano

A prefeitura da Cidade do Rio de Janeiro, por intermédio da Secretaria Especial de Turismo, e em conjunto com diversos segmentos da sociedade, iniciou, em janeiro de 1997, a elaboração do Plano de Turismo da cidade do Rio de Janeiro. O projeto, fruto de um plano estratégico da cidade, surgiu como resposta a duas realidades: a verificação da importância do turismo no desenvolvimento socioeconômico da cidade e a constatação da ausência de uma política adequada para o setor, alicerçada num planejamento a longo prazo.

Foi então que a prefeitura propôs à sociedade uma discussão séria e ampla sobre a cidade como produto turístico. Durante um ano, cidadãos cariocas, especialistas internacionais, dirigentes de entidades, agentes de turismo e uma equipe multidisciplinar da Secretaria Especial de Turismo concentraram-se em torno do tema " O Rio de Janeiro e o Turismo". Suas análises, observações, questões e propostas foram trabalhadas tecnicamente, conferindo ao plano fundamento teórico.

Com o apoio da iniciativa privada, através do consórcio do Plano Estratégico da Cidade, do Ministério da Indústria, do Comércio e do Turismo, através da Embratur, e com plena participação da sociedade, o Plano ganhou forma e comprovou ser possível unir num trabalho comum os mais diversos segmentos e se chegar a conclusões e ações efetivas, capazes de contribuir para a transformação da cidade, tornando-a mais atraente como pólo turístico e mais importante como centro econômico.

It was then that the authorities put forward a proposal for wide-ranging and in-depth discussions on the city as a tourism product. During one year, Rio citizens, international experts, heads of institutions, travel agents and a multidisciplinary team from the Special Bureau for Tourism focused on the topic "Rio de Janeiro and Tourism". Their analyses, observations, questions and proposals were further developed with regard to technical aspects in order to comply with the theoretical basis of the plan.

With the inestimable support of the private sector, and through the consortium of the Strategic Plan for the City, the Ministry of Industry, Trade and Tourism and Embratur, and the full

4.2 - Etapas da Elaboração

A primeira fase das etapas de elaboração foi a organização, quando se elaborou a forma de estruturação do plano Estratégico. Após definidos os objetivos, metas, diretrizes e os recursos necessários para sua formulação básica, buscou-se a melhor forma de somar as forças do poder público e da iniciativa privada, em torno de sua concretização. Formaram-se a equipe técnica e os grupos representantes dos vários segmentos da sociedade capazes de contribuir, através de painéis, entrevistas e grupos de trabalho, para o bom desenvolvimento e para a mais eficaz compreensão e aprovação do plano.

A fase seguinte foi a do diagnóstico, que teve como objetivo obter um retrato da cidade do Rio de Janeiro, como base para um planejamento consistente e preciso. Inicialmente, foi elaborado um estudo abrangente da cidade, incluindo seus aspectos organizacionais, sociais, urbanos e naturais, para fundamentar um diagnóstico mais preciso, além disso, foram inventariados 1638 recursos turísticos da cidade.

Paralelamente a esse trabalho, como uma primeira análise da situação atual da atividade turística na cidade, foi utilizada a técnica de painéis para ouvir cerca de 250 pessoas ligadas direta ou indiretamente ao turismo. Os pontos fortes e fracos detectados foram objetos de uma análise mais profunda, em outro momento, através das comissões de diagnóstico, diferenciadas por assuntos, com a participação de 156 pessoas ligadas diretamente a cada um dos seis temas abordados. Foram realizadas, ainda, pesquisas no aeroporto, com turistas, ao final da estada no Rio e também nos principais mercados emissores.

participation of the community, the Strategic plan took form and proved that it was possible to unite the most diverse of sectors to work together on a project and arrive at effective conclusions and actions, able to contribute to the transformation of the city, significantly increasing its attractiveness as a tourist destination and its importance as an economic center.

4.2 - Development Stages

The first stage in the development of the project was its organization, by formulating the structure of the Strategic plan. After defining the objectives, goals, guidelines and resources required for its basic formulation, it was necessary to find the best manner to aggregate the strengths of the public authorities and those of private enterprise, for its implementation. The technical team members and the representative groups of the various segments of the community able to contribute were selected, through panels, interviews and workshops, for the good development and for the more efficient comprehension and approval of the plan.

The next stage was that of diagnosis, the objective of which was to obtain a profile of the city of Rio de Janeiro, as the basis for consistent and precise planning. First, a broad study of the city was developed, including its organizational, social, social and natural resources aspects, on which to base a more precise diagnosis, and by which, 1,638 tourist resources were identified and catalogued.

Esse conjunto de dados, informações e opiniões possibilitaram conhecer, realisticamente, de um lado, os problemas e os temas críticos, a merecer especial atenção; de outro lado, evidenciaram-se os temas positivos a serem potencializados, indicando um futuro muito promissor para a cidade.

Após a fase de diagnóstico ter dado uma ampla idéia da atual situação da cidade, de suas qualidades, defeitos e, basicamente, informar o que a cidade precisa dando a conclusão geral e algumas sugestões para projetos, passou-se para a fase de definição do Plano Operacional, em que foram elaborados os projetos para melhor se viabilizar o turismo na cidade e mudar o quadro atual, para que se obtenha um aumento na demanda turística.

Assim, dentro das comissões de projeto, foram realizadas cerca de 148 reuniões, quatro por cada um dos 37 grupos, para que fossem criados projetos e programas fundamentais para o incremento do turismo, contando tais agrupamentos coma participação de um total de 370 pessoas.

Marina da Gloria
Gloria´s Marine

Parallel to this work, as an initial analysis of the current situation of the tourism activity in the city, panel interviews were held to listen to around 250 people linked directly or indirectly to tourism. The strengths and weaknesses detected were then analyzed in greater depth by the study commissions, divided by topics, with the participation of 156 people directly linked to each of the six topics covered. In addition to this, market research was carried out at the airport among tourists ending their stay in Rio, as well in the main issuing markets.

This collection of data, information and opinions made it possible to get to know, realistically, on the one hand, the problems and critical topics that deserve special attention and, on the other hand, positive aspects to be developed and optimized, indicating a very promising future for the city.

After the diagnostic phase had provided a good understanding of the current situation of the city, its qualities, faults and, basic information about what the city needs leading to a general conclusion and some suggestions for projects, it was time to go on to the stage of defining the Operational Plan, in which the projects were elaborated to better encourage tourism in the city and change the current scenario in order to incur an increase in tourist demand.

As such, within the commissions of the project, approximately 148 meetings were held, four for each of the 37 groups, so as to create projects and programs fundamental to the increase in tourism, these groups comprising a total of 370 individuals.

Ao fim dessas comissões e dos trabalhos da equipe técnica e consultora, foram elaborados e sugeridos vários projetos que são selecionados segundo critérios de necessidade e viabilidade e devidamente encaminhados às empresas que os devem implantar, de forma que venham a melhorar a cidade para o cidadão e, consequentemente, para o turista, estruturando assim uma oferta melhor para uma demanda muito exigente que precisa das diferenciações que a cidade do Rio de Janeiro lhes poderá oferecer.

Um plano estratégico é, essencialmente, marcado pela ação e, como tal, estabelece um conjunto de medidas que têm uma única finalidade: ser implantado; esta foi a última fase das etapas do plano: a implantação.

4.3 - Metas do Plano

De acordo com os objetivos de incrementar os fluxos turísticos, a proposta do Plano Estratégico foi de alcançar no ano 2000 (fim do primeiro Plano Operacional) as metas de 1 milhões de turistas estrangeiros e de 4 milhões de turistas brasileiros, com percentual de 125% de incremento da receita turística associada. Em 2003 o a prefeitura da cidade tem o objetivo de passar de 5 milhões para 6,3 milhões de turistas/ano e passar do faturamento total de 2,65 bilhões para 4 bilhões de dólares (+51%). Para alcançar estas metas e de acordo com as expectativas de receita por dólar investido pelos diferentes tipos de turistas e regiões emissoras, calcula-se um investimento necessário em marketing promocional de US$ 18 milhões ao ano, adicionado aos investimentos em infra-estruturas e melhoria continuada do produto.

É importante salientar que o desenvolvimento integrado da cidade, em termos sociais, econômicos, urbanos e naturais, é condição básica para um bom desenvolvimento turístico. Só pode haver desenvolvimento turístico sustentável em cidades que proporcionam qualidade de vida aos

Pier da Barra da Tijuca
Pier of Barra da Tijuca

At the end of these commissions and technical teamwork and consultancy, various projects were developed and put forward that were selected according to criteria of necessity and feasibility and duly passed on to the companies that should implement them in a manner as to improve the city for the citizen and, consequently for the tourist, thus building a better supply for a very exigent demand that needs the differentiations that the city of Rio de Janeiro has to offer.

The objective of a strategic plan is to establish a series of measures that have a single objective: to be implemented; this was the final stage in the steps of the plan: implementation.

4.3 - Goals of the Plan

In conformity with the objectives of increasing the flow of tourists, the proposal of the Strategic plan was, for the year 2000 (the end of the first Operational Plan), to reach the goals of 1 million foreign tourists and 4 million Brazilian tourists, with a 125% increase in tourism-related receipts. For 2003, the city authorities' goal is to increase the number of tourists per annum from 5 million to 6.3 million and increase income from US$ 2.65 billion to US$4 billion (+51%).

In order to reach these goals and according to the expectations of receipts per dollar invested by the different types of tourist and emissary regions, it is calculated that a promotional marketing investment of

seus habitantes. Por tanto, o plano, ao desenvolver e implantar suas ações, tem como base a visão simultânea da cidade como pólo turístico e como sede da vida cotidiana de seu cidadão.

4.4 - O Plano Operacional

O Plano Operacional constituiu-se no desenvolvimento da estratégia definida e aprovada no final da fase de diagnóstico, através da formulação dos projetos objetivando viabilizar o turismo na cidade e aumentar a demanda turística.

4.4.1 - O Macroprograma "Desenvolvimento de Novos Produtos"
O desenvolvimento de novos produtos tem como estratégia geral a criação de novas ofertas e produtos para melhorar a atratividade do Rio,

Parque Marapendi
Marapendi Park

US$18 million per year will be necessary, in addition to the investments in infrastructure and continuous improvement of the product.

It is important to emphasize that the integrated development of the city, in social, economic, urban and natural terms, is a basic condition for good tourism development. Sustainable tourism development can only occur in cities that provide quality of life to their inhabitants. As such, the plan, by developing and implementing its actions, has as its base the simultaneous vision of the city as a major tourist destination, as well as the center of daily life of its citizens.

4.4 - The Operational Plan

The Operational Plan was comprised of the development of the defined and approved strategy at the end of the diagnostic stage, via the formulation of projects aiming to make tourism in the city a viable proposition and increase the demand for tourism.

4.4.1 - The Macro-program "New Product Development"

The general strategy of the New Product Development program is to create new offerings of products to improve the attractiveness of Rio, both for the Carioca and the tourists.

The first program was "Carioca Tourism in Rio", which prioritized the need for its residents to gain knowledge about the city, as a basic prerequisite for the development of tourism. Once this is achieved, one can start to think about designing and offering for sale specific products for tourists via the "New Tourism Products and Packages" program.

The areas of culture and sport deserve special attention in our city

tanto para o carioca como para o turista.

O primeiro programa foi "O Turismo Carioca no Rio", no qual se priorizou a necessidade de conhecimento da cidade, por parte de seus cidadãos, como premissa básica para o desenvolvimento da atividade turística. Feito isso, pode-se começar a pensar em estruturar e ofertar produtos específicos para turistas, através do programa "Novos Produtos e Pacotes Turísticos".

A área de cultura e a de esporte mereceram destaque especial em nossa cidade em função disso, surgiram programas destinados ao desenvolvimento de novos produtos e de atividades para cada uma delas.

O Programa "Rio: Capital Histórica e Cultural" foi um dos projetos, que tiveram como principal objetivo desenvolver produtos que reforçassem o potencial cultural do Rio e aumentassem a demanda por cultura pelos turistas.

A cidade do Rio, desde sua descoberta, conta com um passado histórico muito rico dentro do contexto mundial, mas carece de melhor exploração e divulgação de seus produtos, como acontece em diversas partes do mundo, onde o turista é levado a conhecer e aprender sobre a cultura local. A captação de eventos culturais foi uma forma muito útil para difundir nossa história e cultura. Atualmente, a cidade conta com um número maior de acontecimentos, com o apoio da iniciativa privada, embora precise, ainda, aumentar em muito a sua oferta, firmando essa união, de forma a permitir que a população e os turistas possam tirar maior proveito dessa iniciativa.

O turismo esportivo na cidade do Rio de Janeiro também era pouco explorado, levando-se em conta a exuberância da paisagem carioca,

Bondinho de Santa Tereza. Transporte do Bairro
Tram of Santa Teresa´s District

and, for this reason, programs were elaborated focusing on the development of new products and activities for each of these areas.

The "Rio: Historical and Cultural Capital" program was one of those projects that had as its main objective to develop products to reinforce the potential of cultural aspects of Rio and increase the tourists' demand for cultural activities.

The city of Rio de Janeiro, since its discovery, has had a very rich historical past within the world context, but its exploration and advertising of its products is well below that of cities in various other parts of the world where the tourist is taken to get to know and learn about local culture. Thanks to the support of private enterprises, the city now has a greater number of events, however it still needs to substantially increase its product offering, building on this relationship, so as to allow the population and tourists to take better advantage of this initiative.

ideal para esportes como o vôo livre e os praticados na areia das praias. Apenas 3% dos 400 recursos principais da cidade eram esportivos.

A vocação do Rio para o esporte se torna mais evidente a cada dia. Mas, apesar da cidade apresentar características propícias a esta prática, continuava perdendo oportunidades por não oferecer ao seu visitante possibilidades de usufruir seu potencial esportivo. O crescimento inegável nessa área em todo o mundo sinalizava a necessidade do Rio se organizar adequadamente com as suas capacidades, para um fornecimento mais adequado de produtos esportivos, apoiado numa infra-estrutura voltada para atender às necessidades dos praticantes de esportes.

Uma cidade com a geografia e o clima do Rio pode proporcionar eventos esportivos dos mais variados tipos. A cidade precisava, para isso, elaborar um calendário de eventos que contasse com regatas, campeonatos e maratonas, dentre outras formas de atrações, que situassem o Rio no centro do panorama esportivo mundial. Foi este o outro projeto destinado a novos produtos: O Programa " Vocação Esportiva da Cidade", que teve como objetivo aproveitar a infra-estrutura, associações e tradições desportivas já existentes para formalizar uma oferta atraente.

Estádio do Maracanã e a torcida mais popular do Brasil, o Flamengo
Maracanã Stadium and the moust popular Brazilian wick, Flamengo

Sport-related tourism in Rio de Janeiro has also been under-explored, considering the exuberance of the Carioca landscape, ideal for such sports as paragliding and those practiced on the sand of the extensive beaches. Only 3% of the 400 top tourist resources of the city were related to sport.

Rio's vocation for sport becomes more evident every day. But, despite the city having the ideal characteristics for the practice of sport, it continues to lose opportunities by not offering visitors the possibility of enjoying its sporting potential. The undeniable growth of this segment throughout the world indicates the need for Rio to properly organize its capabilities, in order to provide more appropriate sport-related products, supported by an infrastructure able to meet the requirements of those who practice sports.

A city with the geography and the climate of Rio de Janeiro is the ideal setting for a diverse variety of sporting events. The city needs to elaborate a sports calendar comprising regattas, championships and marathons, as well as other sporting events, to put Rio at the center of the world sport arena. This was the other new product development project: the "The City's Aptitude for Sports" program, the objective of which was to take advantage of the existing infrastructure, associations and tradition of sport to formulate an attractive proposal.

4.4.2 - O Macroprograma "Melhoria de Produtos Atuais"

Uma das conclusões gerais do diagnóstico do Plano Estratégico Turístico foi a de que o Rio apresentava um conjunto potencial de recursos amplo e equilibrado, com deficiências em serviços complementares, associadas a sérias falhas de estruturação, informação, comercialização e comunicação. A partir desta análise, tal macroprograma teve como estratégia geral valorizar os produtos atuais, diversificando seus serviços e melhorando sua qualidade para consolidar o destino Rio.

O primeiro programa, "Melhoria da Atratividade de Recursos e Produtos Atuais", abordou a reestruturação desses elementos, de forma a melhorar não somente os recursos em si, mas também, todos os serviços envolvidos na atividade. Para a melhoria da atratividade, que já existia nesse setor na cidade deve-se mencionar a questão da informação in situ. É muito frustrante para um turista, principalmente o estrangeiro, não poder entender a importância daquele recurso que está visitando.

4.4.2 - The Macro-program "Improvement of Existing Products"

One of the general conclusions reached by the analysis for the Strategic Plan was that Rio de Janeiro presented a potential of wideranging and balanced resources, with deficiencies in complementary services, associated with serious flaws in structure, information, sales and communication. Based on this analysis, the general strategy of this macro-program was to add value to existing products, diversifying its services and improving its quality in order to consolidate Rio de Janeiro as a major tourist destination.

The first program, "Improving the Attractiveness of Existing Resources and Products", covered the restructuring of these elements, in a way to improve not only the resources per se, but also, all the services comprised in the activity. With regard to improving the attractiveness of that which already exists in this sector in the city, in situ information should also be mentioned. It is very frustrating for tourists, especially those from abroad, not to understand the importance of a specific resource that they are visiting. The well-informed traveler is able to attribute the true value to the known place and, little by little, becomes more entertained in the diverse aspects offered by the city.

One should also consider the contrast that exists between the exuberant natural beauty of the city and the constant presence of litter and trash in the streets, as well as the lack of maintenance of the frontages of

Prainha
Prainha Beach

O viajante bem informado é capaz de atribuir o verdadeiro valor ao local conhecido e, pouco a pouco, fica mais entretido nos diversos aspectos oferecidos pela cidade.

Deve-se considerar, também, o contraste existente entre a beleza natural exuberante da cidade e a presença constante de lixo nas ruas, bem como a falta de manutenção das fachadas e o péssimo estado de conservação de vários pontos turísticos. A limpeza foi um dos aspectos que receberam mais destaque nas pesquisas de análise feitas pelo Plano Estratégico, junto aos clientes atuais da cidade e, por isso, mereceu atenção especial.

Outro ponto importante a ser considerado para a melhoria da atratividade de recursos e produtos atuais é a prestação de serviços complementares. O Rio ainda não atingiu um padrão de eficiência nos serviços complementares, na medida em que os pontos turísticos que contavam com esses tipos de serviço eram poucos e de pouca qualidade.

Já o programa "Acessibilidade aos Pontos de Interesse da Cidade" buscou solucionar a questão da sua acessibilidade interna, nos aspectos de transporte e sinalização urbana. Apesar dos trabalhos realizados, essa ainda era insuficiente, prejudicando o acesso a muitos locais na cidade. Ainda faltavam placas indicadoras de lugares, inclusive os turísticos, de nomes de ruas e de pontos de ônibus e metrô, tornando difícil a locomoção, principalmente para o turista estrangeiro, por não compreender o idioma.

Quanto à mobilidade interna, verificou-se que a matriz de transp orte do Rio era inadequada, caracterizando-

buildings and the appalling state of conservation of various tourist attractions. Poor cleanliness was one of the aspects most cited in the research studies carried out for the Strategic Plan, by the current clients of the city and, as such, deserves special attention.

Another important point to be taken into consideration for improving the attractiveness of existing resources and products is the quality of complementary services, as only a few of the tourist attractions offered any complementary services and the quality of those was poor.

The "Accessibility of Points of Interest in the City" program aimed to resolve the question of internal accessibility as regards transportation and urban signposting. Despite the work that had been carried out, these were still insufficient, prejudicing access to many places of interest in the city. The city still lacks adequate signposting, of streets, bus and subway stops, as well as of places of interest, making it difficult to move around the city, especially for foreign tourists who do not understand the language.

With regard to internal mobility, the transportation network of Rio de Janeiro was considered to be inadequate, characterized by an excess of bus routes of the public transport system, effectively transforming whole neighborhoods into traffic corridors, which impedes accessibility of places of interest in the city, not just by tourists, but also of the residents themselves.

Vendedores nas Praias Cariocas
Seller´s at Rio´s Beach

se pelo excesso de rodoviarização do sistema de transporte público, transformando, assim, bairros inteiros em corredores de tráfego, o que dificulta a acessibilidade aos pontos de interesse da cidade, não só aos turistas, mas também aos próprios cidadãos.

Já o programa "Infra-estrutura de Supor-te e Espaços Públicos" destina-se à criação e qualificação desses elementos, que contribuem com o desenvolvimento das atividades turísticas. Além de fornecer essa infra-estrutura, a cidade deve, também, investir na sua organização urbana, através da melhoria constante de seus espaços públicos e de seu meio ambiente. Seu aspecto urbano agradável deve acolher o turista, pois a degradação dos espaços públicos interfere negativamente na percepção do turista sobre ela.

A revitalização dos espaços públicos deve vir acompanhada da garantia de segurança nos mesmos. Notava-se, através de pesquisas, que turistas brasileiros e estrangeiros não tinham a mesma opinião sobre o nível de violência na cidade, o que comprovava que este tema estava mais ligado à percepção de segurança do que à violência de fato. Para esse problema deveriam ser criados mecanismos que garantissem a sensação de segurança e tranqüilidade dos turistas visitantes. .

Finalmente, visando a dinamizar o turismo através da reestruturação da relação entre o setor público e o privado, foi criado o programa "Organização Turística", que criou uma nova estrutura organizacional entre o setor público e o privado, que atuava como elemento permanente de dinamização do turismo na cidade.

4.4.3 - O Macroprograma "Sistema de Informação"

O programa "Sistema de Informação" abordou a dificuldade de quantificação e acesso aos diversos âmbitos da informação turística. Desde notícias sobre o tráfego turístico na cidade e as características do visitante atual, até a falta de informação institucional acerca do local,

The "Support Infrastructure and Public Areas" program focused on the creation or qualification of these elements that contribute to the development of tourism activities. As well as providing this infrastructure, the city should also invest in its urban organization through the continuous improvement of its public areas and its environment. A pleasant urban aspect gratifies the tourist, while the degradation of public areas negatively affects the tourist's perception of the city.

The revitalization of public areas should include assurance of safety. The market research showed that Brazilian and foreign tourists held different opinions regarding the level of violence in the city, and served to prove that this topic was more related to the perception of safety rather than a sense of impending violence. Mechanisms have to be created to guarantee the feeling of safety and the tranquility of visiting tourists.

Museu Histórico Nacional
National History Museum

desprovido de material promocional de qualidade e com ampla distribuição.

A estratégia era dispor de forma permanente e atualizada de informações sobre atividades turísticas, úteis para sua gestão como atividade econômica e suficientes para os turistas nacionais e estrangeiros. Para tal, foram estruturados dois programas distintos: o "Programa Observatório Turístico e o Programa Difusão da Informação".

O Programa "Observatório Turístico" tinha como objetivo suprir a necessidade de dados e viabilizar a realização de estimativas para o setor. O mercado turístico sofria pela falta de sistematização de informações, e as principais fontes de dados existentes forneciam números inconsistentes e, algumas vezes, contraditórios, o que tornou necessária a realização de pesquisas específicas complementares que pudessem definir, integrar e acompanhar de maneira eficiente o desenvolvimento e as características do turismo na cidade. Esse mercado necessitava também de indicadores apurados, bem como de parâmetros que pudessem auxiliar nas decisões de investimentos em novos empreendimentos, apurando o real impacto das atividades turísticas em nossa economia.

O Turista está cada vez mais exigente e seletivo ao escolher seu destino; ele quer saber o máximo sobre a cidade para onde quer ir e exige

Saara, centro comercial no centro da Cidade
Saara, comercial center at the Downtown

Finally, aiming to vitalize tourism through the restructuring of the relationship between the public and private sectors, the program "Tourism Organization" was developed, that created a new organizational structure between the public and private sector, that serves as a permanent element of vitalization for tourism in the city.

4.4.3 - The Macro-program "System of Information"

The "System of Information" program dealt with the difficulty in quantifying and accessing the various types of tourist information. From information on the city's tourist traffic and the characteristics of today's visitors to the city, to the lack of institutional information regarding the region, lacking promotional material of high quality and wide distribution.

The strategy was to make available, on a permanent basis and updated regularly, information on tourist activities that would be useful for the management of tourism as an economic activity and sufficient for both national and international tourists. As such, two distinct programs were developed: the "Tourism Observation" program and the "Information Dissemination" program.

The objective of the Tourism Observation program was to meet the needs for data and make it possible to effect estimates and projections for the sector. The tourism market lacked systemized information and the main sources of data published inconsistent and, on occasion, contradictory information, which made it necessary to conduct additional market research studies that could define, integrate and efficiently monitor the development and the profile of tourism in the city.

This market also needed verifiable indicators, as well as parameters that could help in investment decisions of new enterprises, measuring the

facilidades no acesso a essas informações que o Rio de Janeiro não possuía. O Programa de Difusão da Informação tinha este objetivo: disseminar informações permanentes específicas para cada segmento do setor turístico.

O Plano Estratégico diagnosticou que a Cidade não informava aos visitantes da totalidade de atrações e opções existentes. Além de faltarem postos de atendimento ao turista, o Rio carecia de material promocional de qualidade e de um calendário oficial de eventos, que permitiria, através de parcerias a programação antecipada de passeios por parte das agências de turismo.

A obtenção de dados consistentes sobre a situação do mercado era fundamental para a captação de novos negócios, por isso a importância desse programa, em que foi desenvolvido um serviço de informação ao turista, bem como à indústria turística.

4.4.4 - O Macroprograma "Marketing Turístico"

A estratégia de marketing do Plano Estratégico baseava-se na total integração dos programas " Marketing nos Mercados" e "Marketing no Rio" , e visou a melhoria na estrutura de oferta, comercialização, comunicação e prestação de serviços turísticos da cidade, assim como a capacitação e competitividade do setor.

O Programa "Marketing nos Mercados" tinha como objetivo geral criar uma nova imagem do Rio, além de criar o interesse dos turistas, dos investidores e dos profissionais da área, fornecendo um serviço profissional ao setor na Cidade.

true impact of tourist activities in our economy.

The tourist is more and more demanding and selective in choosing his destination; he wants to know as much as possible about the city he wants to go to and demands easy access to this type of information and that Rio de Janeiro was unable to provide. This was the objective of the "Information Dissemination" program - to continuously disseminate topic-specific information for each segment of the tourism sector.

The Strategic Plan diagnosed that the city did not inform visitors of all the attractions and options that existed. In addition to lacking in tourist information offices, Rio did not have good quality promotional material, nor an official calendar of events to enable travel agents and their partners to plan tourist programs in advance.

Theatro Municipal
Municipal Theatre

A nova imagem do Rio deveria possuir características informativas, educativas, sedutoras, modernas, enfim, ser uma imagem de cidade, não de praias. Para isso, deveria transmitir credibilidade, personalidade e uma política de integração com a mídia. A estratégia do programa, além de possuir as características acima, faria com que o Rio liderasse uma nova imagem turística do Brasil, efetuando total controle sobre a mesma.

Dentre algumas das ações do programa "Marketing nos Mercados" estavam a Comunicação, que foi totalmente integrada com as outras ações, mantendo, contudo, mensagens diferenciadas para cada público, desenvolvidas por agências de comunicação e publicidade; a "Campanha Rio Incomparável" teve como objetivo principal divulgar a "Nova imagem do Rio" e, como público-alvo, os turistas potenciais das cidades prioritárias.

Outras ações importantes desenvolvidas foram a "Rio com a Imprensa", direcionada à mídia internacional e separada por grandes meios de comunicação de massa, por sua natureza específica de turismo. Essa ação gerou artigos da nova realidade do Rio e respostas à propaganda negativa na imprensa; cabe ressaltar ainda a ação "Alô Rio", que visou personalizar o Rio-turístico nos países emissores, fornecendo rapidamente ao mercado as informações e criando a imagem do "Novo Profissionalismo" da cidade, agora séria e competente.

O Programa "Marketing no Rio" complementou o programa

hence the importance of this program which developed an information service for both tourists and the tourism industry.

4.4.4 - The Macro-program "Tourism Marketing"

The marketing strategy of the Strategic Plan was based on the full integration of the programs "Marketing in the Markets" and "Marketing in Rio", and aimed to improve the structure of supply, commercialization, communication of tourism services in the city, as well as skills and competition of the sector.

The objective of the "Marketing in the Markets" program was to create a new image for Rio, as well as to arouse interest in the city, both of tourists and of professionals in the area, providing a professional service to the sector.

The new image of Rio should encompass informative, educational, seductive, modern characteristics, creating an image of a city and not of beaches. To do so, it should transmit credibility, personality and a policy of integration with the media.

The program's strategy, as well as having the above characteristics, should make it so that Rio heads a new tourist image of Brazil, effecting

"Marketing nos Mercados", possuindo como objetivos fazer com que a população carioca conhecesse a fundo o Rio Turístico, assim como inserir o turismo na vida cotidiana da cidade, conscientizando o carioca sobre a importância do turismo para o Rio de Janeiro.

Algumas ações foram desenvolvidas para esse programa como a "Cenografia Turística do Rio" que informava e facilitava ao usuário do Rio e ao visitante da cidade a localização dos pontos e trajetos turísticos existentes através de uma política de sinalização e informação turística.

A Ação do "Novo Profissionalismo", direcionada aos profissionais do turismo ou que forneciam turismo a cidade, teve como objetivo adequar os serviços ao nível de qualidade internacional que os públicos-alvo esperavam encontrar.

Outras duas ações foram de extrema importância para o programa: a de "Informação Ativa", desenvolvida pela assessoria de imprensa com a

total control over the same.

Among the actions of the "Marketing in the Markets" program were Communication, that was totally integrated with the other actions, maintaining however different messages for each target population, developed by communications and advertising agencies; The main objective of the "Incomparable Rio" campaign was to publicize the "New Image of Rio" and, as target population, the potential tourists of the top cities of origin.

Other important actions that were developed were "Rio with the Press", aimed at the international media and divided by type of mass communication media and by type of tourism. This action generated articles on the new reality of Rio and responses to negative press coverage; also worth noting is the action, "Hello Rio", which aimed to personalize Rio as a tourist destination in the originating or issuing countries, quickly providing the markets with information and building an image of a "new professionalism" of the now serious and competent city.

The "Marketing in Rio" program complemented the "Marketing in Markets" program, having as its objective to allow the Carioca population to get to know Tourism in Rio in depth, as well as to insert tourism into the daily life of the city, making the residents of Rio aware of the importance of tourism for Rio de Janeiro.

Several actions were developed for this program, such as the "Touristic Scenography of Rio" that informed and improved access, for both the local population and tourists to the city, to the localization of points of interest and tourist attractions via a policy of tourist signs and

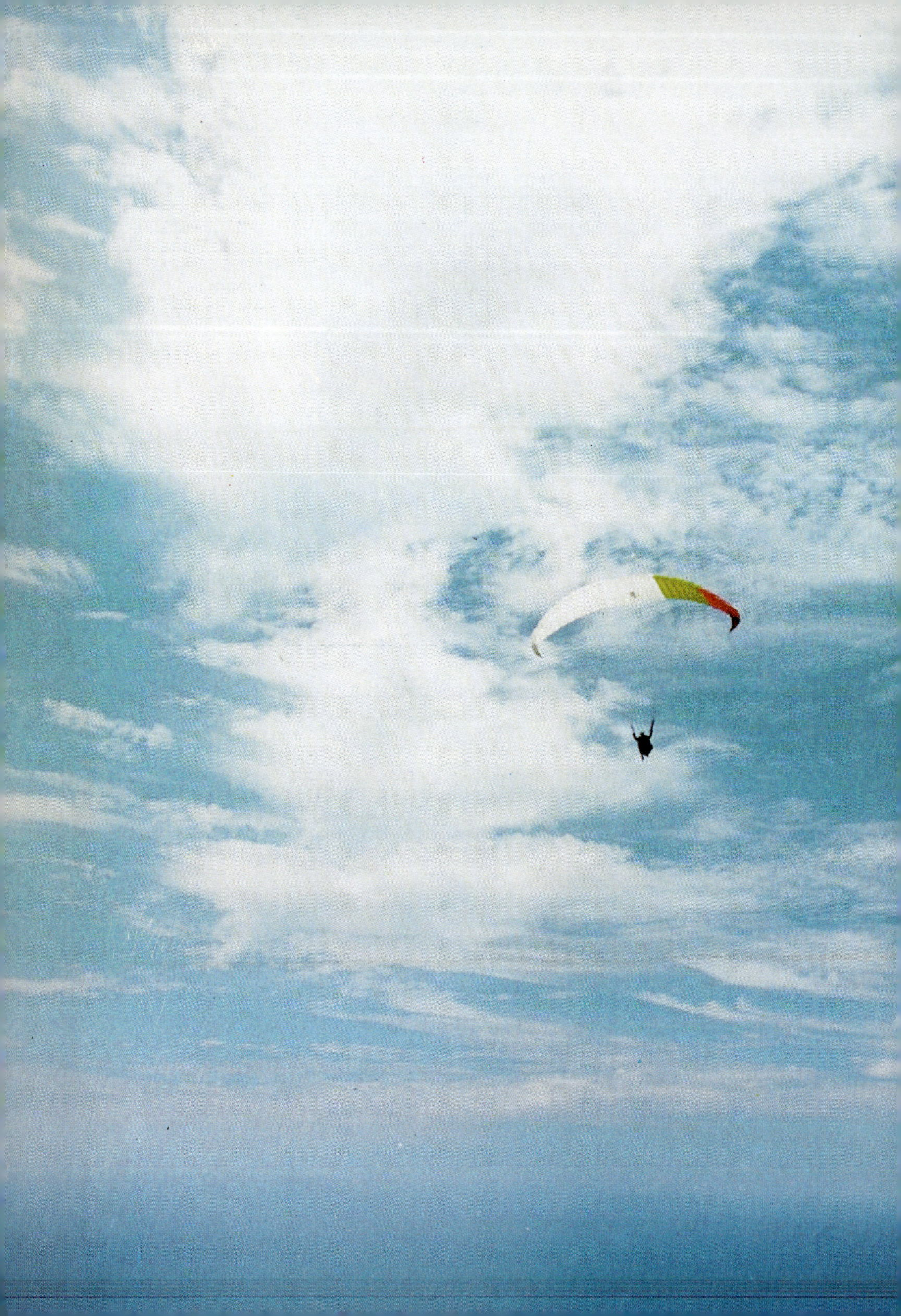

Paraglading em São Conrado
Paraglading at São Conrado

mídia carioca e os correspondentes estrangeiros como público-alvo, objetivando manter a mídia sempre informada sobre o desenvolvimento do Plano Estratégico e dos resultados das ações empreendidas, e a ação "Orgulho Carioca", direcionada a população carioca, residentes e trabalhadores das zonas turísticas do Rio, com objetivo de fortalecer a auto-estima e estreitar a relação do carioca com sua cidade. Seu povo, conhecendo melhor o "Rio- Turístico", estaria mais preparado e mais ágil para fornecer informações corretas aos visitantes.

4.4.5 - O Macroprograma "Novo Profissionalismo"

Alguns fatores , apesar de não fazerem parte diretamente da reestruturação da cidade a ser ofertada como destino, são imprescindíveis para o alavancamento da indústria turística. O turismo faz parte do setor de serviços e, como tal, necessita melhorar constantemente a capacitação de seus profissionais, garantindo a qualidade dos serviços oferecidos como base para o desenvolvimento do turismo na cidade.

O Macroprograma "Novo profissionalismo" teve como estratégia melhorar a capacitação e competitividade do trade como base para o desenvolvimento do turismo na cidade. Para garantir sua melhoria, foram criados dois programas: O de "Formação Profissional" e o "Programa de Qualidade".

A qualidade da formação profissional oferecida no Rio para o setor turístico não atendia às necessidades do mercado. Muitas deficiências eram percebidas nos trabalhadores da área, principalmente nos que tinham menor qualificação e lidavam diretamente com o turista, comprometendo a satisfação do cliente. O objetivo desse programa era de melhorar a

information. The objective of the "New Professionalism" action, aimed at tourism professionals or those who provide tourism in the city, was to raise the standard of their services to a level of international quality that the target populations expected to find.

Two other actions were extremely important to the program: "Active Information", developed by the press relations department, with the local media and foreign correspondents as their target groups, with the objective of keeping the media always informed on the progress of the StrategicPlan and the results of the actions as they are implemented, and the "Carioca Pride", aimed at the population of Rio that resides and works in the tourist areas, with the aim of strengthening the self-esteem and tightening the relationship of the Carioca with his city. Its population, once it is better informed about "Tourism in Rio", will be better prepared and more able to provide correct information to visitors.

4.4.5 - The Macro-program "New Professionalism"

Some factors, despite not directly participating in the restructuring of the city as a tourist destination, are essential to boosting the tourism industry. Tourism is part of the services sector and, as such, requires the constant improvement in the qualification and skills of its professionals to ensure a high quality of services as the basis for development of tourism in the city.

The strategy of the macro-program "New Professionalism" was to improve the skills and competitiveness of the trade as a basis for the development of tourism in the city. To ensure their improvement, two programs were created: "Professional Training" and "Quality Program".

The quality of professional training in Rio for the tourism sector did not meet the requirements of the market. Many deficiencies were perceived in the workers in this area, particularly in those with less

formação e qualificação profissional dos empregados para responder às necessidades das empresas e dos usuários, turistas e cidadãos.

Tão importante quanto a formação de mão-de-obra era a capacitação profissional de executivos e empreendedores. Nesse sentido, o Plano Estratégico Turístico detectou a necessidade de criar mecanismos que minimizassem os riscos e auxiliassem com know-how moderno empresários, investidores e administradores do setor a obterem melhores resultados em seus projetos.

Duas ações foram desenvolvidas para esse programa: A primeira foi a de "Qualificação Profissional" que atendia a carência de mão-de-obra qualificada, melhorando o mecanismo de coordenação entre os sistemas educativo e produtivo, promovendo ainda a melhora contínua e a requalificação dos profissionais do setor. A segunda foi a de "Gestão Empresarial", já que os empresários do setor também careciam de apoio técnico profissional para melhor desempenho de suas funções, logo, o Plano Estratégico através dessa ação ofereceu aos empreendedores os mecanismos necessários para melhorar sua capacidade nessa área.

O Programa de Qualidade era imprescindível para a competitividade diante da agilidade e da nova demanda do mercado turístico, por isso, esse programa tinha como objetivo único efetivar o funcionamento de um sistema integrado de qualidade, para o desenvolvimento contínuo do setor.

Duas ações foram desenvolvidas para esse programa: uma delas foi a ação de "Redes de Qualidade", em que são padronizados processos para garantir os níveis desejáveis de qualidade, obtida através da implantação de um conjunto de medidas de avaliação de produtos e serviços, públicos

qualifications and that deal directly with the tourist, negatively affecting the satisfaction of the client. The objective of this program was to improve the professional training and qualification of the employees to respond to the needs of the companies and their users, tourists and citizens.

Just as important as the training of the workforce was the professional capacitation of executives and entrepreneurs. With regard to this aspect, the Strategic Plan detected a need to create mechanisms that would minimize the risks and increase the know-how of businessmen, investors and managers in the sector to achieve better results in their projects.

Two actions were developed for this program: One was "Professional Training" that filled the need for qualified labor, improving the mechanism of coordination between the educational and the employment systems, promoting the continuous improvement and re-training of personnel in this sector. The other was "Business Management", as the entrepreneurs in this sector were also lacking technical professional support to improve their performance of their functions, so the Strategic Plan,

Vendedor na Praia
Beach Vendor

e privados, que, direta ou indiretamente, comprometem a percepção do cliente; a outra foi a ação de "Controle de Qualidade", assegurando que o nível de qualidade dos serviços sejam alcançados, de forma a garantir a competitividade da cidade.

Pode-se afirmar que um produto turístico é de qualidade, se satisfaz seu público-alvo. Mas qualidade também eqüivale a boa gestão, à rentabilidade, à competitividade e a futuro, sem esquecer da eficácia, melhoria do clima de trabalho, e incremento da produtividade, associado à redução de custos, à criação de uma imagem própria e, por fim, ao aumento dos benefícios. Por isso, definitivamente, qualidade não é só melhorar a atenção ao cliente nem realizar pesquisas de satisfação. "Qualidade Total" é uma filosofia empresarial de atuação que, a partir da análise das necessidades e preferências da demanda, estrutura as unidades empresariais na busca de melhores resultados, de maneira sustentável.

A maioria dos setores econômicos estão implantando sistemas de gestão da qualidade, seguindo as indicações das normas ISO 9000, e o setor turístico não poderá deixar de fazê-lo.

Jardim Botânico
Botanical Gardens

through this action, offered the businessmen the necessary mechanisms to improve their skills in this area.

The Quality Program was essential to build competitiveness in the face of the rapidly changing and new demands of the tourism market and, as such, the sole objective of this program was to put in place an integrated quality system for the continuous development of the sector.

Two actions were developed for this program: one of them was the action "Quality Networks", in which processes are standardized to ensure desired levels of quality, obtained through the implementation of a group of measures to evaluate products and services, public and private, that, directly or indirectly, undermine the perception of the client; the other was the "Quality Control" action, ensuring that the level of quality of the services be achieved, so as to guarantee the competitiveness of the city.

It is true that if a tourism product is of high quality, it will satisfy its target public. But quality is also a question of good management, profitability, competitiveness and the future, not forgetting efficiency, improvement in the working climate, and increase in productivity, associated with cost reduction, the creation of an appropriate image and, finally, of an increase in benefits.

For this reason, quality is not just a question of giving better attention to clients, nor conducting market research on satisfaction levels. "Total Quality is a business philosophy that, based on an analysis of the requirements and preferences of demand, structures the business units so as to achieve better results, in a sustainable manner.

The majority of economic sectors are implementing quality management systems, following the guidelines of the ISO 9000 standards, and the tourism sector cannot be left out.

Conclusão

As rápidas mudanças que vêm ocorrendo no mundo chamado globalizado têm afetado as características de diferentes regiões do mundo. Antes, a riqueza das nações provinha exclusivamente de sua capacidade de produção. Em um momento posterior, o potencial econômico fez-se prevalecer seguido pelo capital tecnológico e de serviços. Com a abertura dos mercados internacionais e a facilidade dos meios de comunicação, vários setores começaram a emergir como grande fonte de riquezas para aqueles países que possuem determinados atrativos, sejam eles naturais ou transformados. Por conseguinte, a indústria turística propiciou oportunidades de negócio àqueles que possuem uma infra-estrutura condizente com as expectativas dos turistas, que estão cada vez mais exigentes em relação a produtos e serviços diferenciados.

Com a efetiva aplicação do Plano Estratégico, o Rio de Janeiro, depois de anos de decadência, passou a ser novamente um ponto-turístico forte, porém com muitos projetos necessários para se realizar. Foram aplicados cerca de 360 milhões de dólares em 15 novos hotéis, a Prefeitura do Rio também fez investimento alto e, através desse trabalho, nossa cidade começou a receber uma quantidade de turistas muito superior

Central Ferroviária
Central Station

Conclusion

The rapid changes that have been occurring in this so-called globalized world have affected the characteristics of different regions of the world. Previously, the wealth of nations came exclusively from its capacity of production. Later on, economic potential prevailed according to technological capital and services. With the opening of international markets and ease of communication, various sectors have started to emerge as a major source of wealth for those countries that possess certain attractions, be they natural or man-made. Consequently, the tourism industry provides great business opportunities to those with an infrastructure in line with the expectation of tourists, who are increasingly demanding in relation to differentiated products and services.

Hotel Glória
Glória Hotel

With the effective implementation of the Strategic Plan, Rio de Janeiro, after years of decline, once again became a very strong tourist destination. Approximately 360 million dollars were invested in 15 new hotels; the municipal authorities of Rio de Janeiro also invested heavily and, as a result, our city has started to receive a much higher number of tourists. Tourism by sea, for example, now has many boats and ships at its disposal, after years of stagnation; in addition, the municipal and state governments have been investing in the recovery of their monuments and important buildings, such as Maracana for example, the world's largest soccer stadium that in January 1999 received a

ao que vinha recebendo. O turismo marítimo, por exemplo, passou a contar com inúmeras embarcações, depois de anos praticamente parado; além disso, a prefeitura e governo do Estado vêm investindo na recuperação de seus símbolos e monumentos, com por exemplo o Maracanã, maior estádio do mundo, que, em janeiro de 1999, recebeu uma verba de 25 milhões de reais para reforma; para se avaliar melhor, a receita do estádio que chegara a zero, hoje atinge a casa dos 6 milhões de reais, pelo fato de receber cerca de 1000 turistas diariamente para visitação a um preço de 3 reais. Para atrair mais visitantes ao estádio, além de investimentos em reformas, estão sendo aplicados mais 4 milhões de reais na construção de um Museu Mundial do futebol de 4700 metros quadrados, o que, consequentemente, aumentará a receita do estádio.

Esses são apenas alguns dos exemplo da eficácia do Plano Estratégico em ação, que a partir de um acurado diagnóstico da infra-estrutura turística da Cidade e de projeções precisas de seu mercado potencial, definiu diretrizes e estratégias, analisou e selecionou projetos estabelecendo prioridades, segundo rigorosos critérios de níveis de investimento e relação custo / benefício, trazendo ótimos resultados. Em 1990 o número de turistas que visitava a cidade não chegava a R$ 2 milhões. Em 2000, esse número aumentou para R$ 7 milhões, gerando uma receita de 2,6 bilhões de doláres.

Apesar de todo esse investimento, nossa cidade ainda padece de problemas estruturais crônicos; até agora, o governo do Estado gastou R$42 milhões em saneamento básico, porém ainda é pouco. A Baía de Guanabara, várias praias da orla e a Lagoa Rodrigo de Freitas continuam recebendo toneladas de esgoto, provocando mortandade de peixes na

Vista da Prainha
Viem of Prainha

budget of 25 million Reals for its reform; to illustrate this more clearly, the receipts of the stadium which had fallen to zero, today reach 6 million Reals, by receiving around 1,000 tourists daily paying 3 Reals each to visit the stadium.

To attract more visitors to the stadium, as well as investing in its reform and maintenance, a further 4 million Reals will be invested in the construction of a 4,700 m² World Football Museum, which, consequently, will increase the stadiums tourist receipts.

These are just a few examples of the effectiveness of the Strategic Plan in action, that from an accurate diagnosis of the city's infrastructure for tourism and precise projections of its potential market, defined directives and strategies, analyzed and selected projects, setting priorities, and strict criteria of investment levels and cost-benefit levels, with spectacular results. In 1990 the number of tourists visiting the city did not exceed 2 million. Last year this number increased to 7 million, generating an income of 2.6 billion dollars.

Despite all these investments, our city still suffers from chronic structural problems; so far, the state government has invested

adriana JORDAN

lagoa e proliferação de algas espumantes no mar.

Além disso, o Rio de Janeiro luta para resolver um dos maiores entraves para o crescimento do turismo: a fama de cidade violenta. O turista é extremamente sensível a esse problema e, para minimizar esse ponto, a Secretaria de Segurança investiu R$ 5 milhões de reais na modernização das delegacias, criando ainda o "BPTur", um batalhão da polícia com 230 policiais especializados em atenção ao turista.

Atualmente vem sendo desenvolvido o Plano Estratégico Turístico 2, a segunda etapa do projeto que começará a ser colocado em prática. Nesse segundo momento, serão avaliadas todas as ações anteriores, colocadas em prática, sendo desenvolvidas outras, voltadas principalmente para a recuperação do saneamento básico da cidade e da segurança da população.

Para concluir, um trabalho bem desenvolvido e planejado para o setor turístico é, quando bem elaborado, muito eficiente, porém tal planejamento não deve apenas focar o setor túristico e sim melhorar as questões sócio-ambiental de toda a cidade.

Após estudos sobre as estratégias de marketing utilizadas na cidade do Rio e sua eficiência, podemos concluir que uma cidade, qualquer que seja ela, pode, com um mínimo de atrativos, gerar receita e empregos. A maioria dos grandes centros sofrem com problemas de desemprego e o turismo é uma das soluções. Em cidades mais desenvolvidas, tal atividade é responsável por aproximadamente 10% do PIB, gerando cerca de 12% de empregos, daí a importância de um planejamento estratégico de marketing focado no mercado turístico da região.

R$ 42 million in basic sanitation, though this is still insufficient. Guanabara Bay, various beaches along the shore and the Rodrigo Freitas Lagoon continue to receive tons of sewerage and waste water, causing mass destruction of the fish in the lagoon and the proliferation of foaming algae in the ocean.

In addition, Rio de Janeiro is fighting to resolve one of the greatest impediments to the growth of tourism: its infamy as a violent city. Tourists are extremely apprehensive about this problem and, to reduce their concern, the Secretariat of Security invested R$ 5 million in modernizing its police stations, and even creating BPTur, a police battalion with 230 officers specialized in serving tourists.

The development of Strategic Plan 2 is currently underway, the second step of the project that, from mid-August onwards, will start to be put into operation. In this second phase, all the previous actions implemented will be evaluated, others being developed focused primarily on improving the city's basic sanitation and the safety of the population.

In conclusion, a marketing project for the tourism sector is, when it is well designed, very efficient. After studies on the marketing strategies implemented in the city of Rio de Janeiro and their efficiency, it can be concluded that any city with a minimum of attractions can generate income and jobs. The majority of the main urban centers suffer with problems of unemployment and tourism is one of the solutions. In more developed cities, tourism is responsible for approximately 10$ of the GDP, generating around 12% of all jobs, hence the importance of a marketing strategy focused on the tourism market of the region.

Bibliografia

CASTRO, Ruy. Rio ou Amsterdã ?. Viagem e Turismo, dezembro de 1999. P.62

CAVERSAN Luiz. Folha OnLine. Obtida via internet, 2001.

FREIRE, Ricardo& VERANO, Rachel. A cidade maravilhosa aos seus pés. Viagem e Turismo, fevereiro de 2001. P.68

KEILA, Cristina. Marketing turístico : promovendo uma atividade sazonal / Nicolau Mota. São Paulo : Atlas, 2001.

KUAZAQUI, Edmir. Marketing Turístico e de Hospitalidade. São Paulo: Makron Books, 2000.

PEIXOTO, Fábio. A Explosão do Turismo. REVISTA Exame, Rio de Janeiro, P. 52

PREFEITURA DA CIDADE DO RIO DE JANEIRO, Secretaria especial de turismo. (1999) Plano Maravilha - Relatório de Progress. Rio de Janeiro: secretaria especial de turismo.

VAZ, Gil Nuno. Marketing turístico : Receptivo e Emissivo/. São Paulo: Pioneira, 1999.

http://www.rio.rj.org.br
http://www.embratur.gov.br
http://www.uol.com.br/folha/turismo/americadosul/brasil
http://www.bauru.unesp.br/faac/planej.html

References

CASTRO, Ruy. Rio ou Amsterdã ?. Viagem e Turismo, December 1999, pg 62

CAVERSAN Luiz. Folha OnLine. Obtained on the Internet, 2001.

FREIRE, Ricardo& VERANO, Rachel. A cidade maravilhosa aos seus pés. Viagem e Turismo magazine, February 2001, pg.68

KEILA, Cristina. Marketing turístico : promovendo uma atividade sazonal / Nicolau Mota. São Paulo : Atlas, 2001.

KUAZAQUI, Edmir. Marketing Turístico e de Hospitalidade. São Paulo: Makron Books, 2000.

PEIXOTO, Fábio. A Explosão do Turismo. REVISTA Exame, Rio de Janeiro, pg. 52

PREFEITURA DA CIDADE DO RIO DE JANEIRO, Secretaria especial de turismo. (1999) Plano Maravilha - Relatório de Progresso. Rio de Janeiro: secretaria especial de turismo.

VAZ, Gil Nuno. Marketing turístico : Receptivo e Emissivo/. São Paulo: Pioneira, 1999.

http://www.rio.rj.org.br
http://www.embratur.gov.br
http://www.uol.com.br/folha/turismo/americadosul/brasil
http://www.bauru.unesp.br/faac/planej.html

Esta edição foi produzida em Julho de 2002
no Rio de Janeiro - Brasil

Utilizando-se fontes Agaramond (título e texto)
e arial (numeração e legendas)

Fotolitos,
impressão e acabamento:
Ediarte Ltda.
Rio de Janeiro, RJ